SEIS REGRAS SIMPLES

SEIS REGRAS SIMPLES

COMO GERENCIAR A COMPLEXIDADE SEM SE COMPLICAR

YVES MORIEUX
E PETER TOLLMAN

Uma publicação da
hsm
EDUCAÇÃO EXECUTIVA

Coordenação de produção: Alexandre Braga
Tradução: Gerson Yamagami
Edição: Pólen Editorial
Preparação de texto: Lizandra M. Almeida
Diagramação e revisão: Crayon Editorial
Capa: Júlia Yoshino

1ª edição

Dados Internacionais de Catalogação na Publicação (CIP)
Angélica Ilacqua CRB-8/7057

Morieux, Yves
Seis regras simples : como gerenciar a complexidade sem se complicar / Yves Morieux & Peter Tollman ; tradução de Gerson Yamagami. — São Paulo : HSM do Brasil, 2015.

ISBN 978-85-67389-51-6
Título original: Six simple rules: How to Manage Complexity without Getting Complicated

1. Administração de empresas 2. Comportamento organizacional 3. Sociedades complexas 4. Liderança I. Título II. Tollman , Peter III. Yamagami, Gerson

15-1143 CDD 658

Índices para catálogo sistemático:

1. Administração de empresas

hsm
EDUCAÇÃO EXECUTIVA

Alameda Mamoré, 989 — 13º andar
Barueri-SP. 06.454-040
Vendas Corporativas: (11) 4689-6494

Sumário

INTRODUÇÃO

Por que os gestores precisam das Seis Regras Simples

Como as empresas criam valor e conquistam a vantagem competitiva em uma época de grande complexidade?

Essa é uma pergunta que fazemos constantemente quando trabalhamos para ajudar os executivos e suas equipes de liderança a construir empresas de sucesso.

Quando refletimos sobre o nosso trabalho com as empresas que ajudamos ao longo dos anos – 500 ou mais em todos os setores, em mais de 40 países – o que nos lembramos mais vividamente não é o problema específico que motivou um líder de negócios a nos chamar. Em vez disso, o que nos vem à mente são as pessoas – um funcionário de manutenção de aviões, um gerente de P&D, uma recepcionista de hotel, um diretor de vendas, um condutor de trem, um CEO – que estavam enfrentando mais ou menos a mesma situação. Eles estavam diante de um desafio que parecia impossível: o aumento da complexidade em seus negócios. Vamos discutir a complexidade em detalhes mais adiante mas, por enquanto, queremos dizer que as empresas enfrentam um número crescente de requisitos de desempenho; esse número pode estar entre 25 a 40 itens diferentes, muito mais do que há 20 ou até mesmo 10 anos. Muitas vezes, as exigências são contraditórias por natureza, tais como a necessidade de produzir bens de alta qualidade para serem vendidos a preços baixos, ou que os serviços sejam globalmente consistentes mas também sensíveis às demandas locais (veja o quadro "A oportunidade e o desafio da complexidade").

Para enfrentar os desafios da complexidade, essas pessoas de quem nos lembramos tão bem tentaram aplicar as "melhores" teorias de gestão e seguir as "melhores práticas" do dia – incluindo, como veremos, correções estruturais e abordagens orientadas às pessoas – e essas práticas não trouxeram sucesso em seus esforços para a criação de valor. Essas pessoas se esforçaram bastante e, quando não conseguiram alcançar os resultados desejados, se esforçaram ainda mais. Mas não tinham muita esperança de que o resultado fosse diferente. Elas se sentiram sobrecarregadas, presas e, muitas vezes, incompreendidas e sem o apoio de suas equipes, gestores e executivos.

O que é surpreendente é o quanto essas pessoas estavam sendo mal atendidas pela sabedoria convencional em termos de gestão – teorias, modelos e práticas de gestão desenvolvidas ao longo dos últimos 100 anos. Em vez de ajudá-las a gerenciar a crescente complexidade dos negócios, todas as supostas soluções só pareciam piorar as coisas. Tinha de haver uma maneira melhor, e, a partir do trabalho de campo com essas pessoas e suas organizações, nós testamos a abordagem que descrevemos neste livro. Chamamos essa abordagem de *simplicidade inteligente* e ela gira em torno de seis regras simples.[1]

Yves Morieux chegou a essas conclusões como diretor do Institute for Organization do Boston Consulting Group (BCG), onde ele aplica a economia e as ciências sociais aos desafios estratégicos e organizacionais das empresas e de seus executivos – especialmente ao lidar com a complexidade. Morieux formulou a abordagem da simplicidade inteligente para gerenciar a complexidade com base em sua experiência em pesquisa e investigação teórica, bem como em seu extenso trabalho com clientes nos Estados Unidos, Europa e na região da Ásia-Pacífico. Como diretor da área de práticas organizacionais e de pessoas na América do Norte, Peter Tollman fez uma parceria com Morieux para implementar as seis regras da abordagem da simplicidade inteligente, com base em sua longa experiência trabalhando com algumas das empresas de maior destaque do mundo.

A OPORTUNIDADE E O DESAFIO DA COMPLEXIDADE

Bom desempenho em tudo para todos

O Institute for Organization do BCG criou o Índice de Complexidade para acompanhar a evolução de uma série de requisitos de desempenho em uma amostra representativa de empresas nos Estados Unidos e na Europa durante um período de 55 anos – de 1955 (o ano que a lista *Fortune 500* foi criada) até 2010. Em 1955, as empresas costumavam se comprometer com quatro a sete exigências de desempenho; hoje elas se comprometem com 25 a 40.

Cerca de 15% a 50% desses requisitos de desempenho são contraditórios. Por volta de 1955, isso raramente acontecia. As empresas atualmente podem ter de oferecer produtos de alta qualidade e vendê-los a preços muito baixos; os bens devem ser inovadores e também produzidos de forma eficiente; cadeias de abastecimento devem ser rápidas e confiáveis; os serviços devem ser globalmente consistentes e, ao mesmo tempo, altamente responsivos localmente. Quando uma empresa é capaz de conciliar exigências valiosas, porém contraditórias, ela quebra um padrão e, ao fazê-lo, libera um novo valor para os clientes. Esse novo valor cria vantagem e impulsiona um crescimento rentável.

Vemos duas causas importantes para o crescimento da complexidade. Em primeiro lugar, o deslocamento das barreiras comerciais e os avanços na tecnologia proporcionaram aos clientes uma abundância de opções. Com tantas opções disponíveis, os clientes são cada vez mais difíceis de agradar e estão menos dispostos a aceitar meios-termos.

O segundo fator é o aumento da quantidade de partes interessadas. As empresas devem responder aos clientes, acionistas e empregados, bem como a uma infinidade de autoridades políticas, regulatórias e de conformidade. Cada um desses grupos tem exigências específicas e está ficando difícil para as empresas satisfazerem uma parte em detrimento de outra.

Por meio de nosso trabalho com clientes e da pesquisa contínua, as seis regras são refinadas constantemente, para que ofereçam uma estrutura teórica e um conjunto prático de ferramentas de gestão. Estamos ativamente trabalhando juntos e com os nossos colegas do BCG para aplicar com sucesso as regras simples e ajudar empresas de todo o mundo a crescer, criar um valor duradouro e conquistar uma vantagem competitiva.

COMO A COMPLEXIDADE LEVA À COMPLICAÇÃO

Para entender o poder das regras simples e por que elas são tão essenciais ao negócio, vamos começar por definir o problema. Hoje, as empresas têm de lidar com uma complexidade muito maior nos negócios. Essa complexidade decorre das exigências que as empresas devem cumprir para criar valor para as partes interessadas. Esses requisitos se tornaram mais numerosos, estão mudando mais rápido e, além do mais, muitas vezes entram em conflito entre si. Nós, na verdade, medimos essa evolução e criamos o chamado Índice de Complexidade BCG. Ele mostra que a complexidade dos negócios multiplicou seis vezes desde 1955.[2]

Alguns analistas acreditam que a crescente complexidade do negócio é o problema. Nós discordamos. Para nós, embora a complexidade traga imensos desafios, também oferece uma grande oportunidade para as empresas. Cada vez mais, os vencedores no ambiente empresarial de hoje são as empresas que sabem como aproveitar a complexidade e explorá-la para criar uma vantagem competitiva.

A verdadeira praga não é a complexidade em si, mas a "complicação", que definimos como a proliferação de mecanismos organizacionais desajeitados – estruturas, procedimentos, regras e papéis – que as empresas colocam em prática em um esforço para lidar com a crescente complexidade da empresa moderna (veja o quadro "A armadilha da complicação"). É essa complicação interna, com sua consequente burocracia, que destrói a capacidade da empresa de explorar a complexidade como uma vantagem competitiva. Pior ainda, essa complicação organizacional destrói a capacidade da empresa de fazer qualquer coisa. No entanto, embora a complicação seja uma praga, não é a causa fundamental do problema; como veremos, é apenas um subproduto das teorias e práticas de gestão ultrapassadas, ineficazes, irrelevantes.

A ARMADILHA DA COMPLICAÇÃO

Menos atividades de agregação de valor, mais trabalho inútil sobre trabalho

O Institute for Organization do BCG criou um índice relativo ao número de procedimentos, camadas verticais, estruturas de interface, órgãos de coordenação, *scorecards* e aprovações de decisão ao longo dos últimos 15 anos. Na nossa amostra de empresas, esse índice aumentou 6,7%, a cada ano, o que, ao longo dos 55 anos estudados, resultou em um aumento de 35 vezes.

Gestores no quintil superior das organizações mais complicadas gastam mais de 40% de seu tempo escrevendo relatórios e de 30% a 60% de suas horas de trabalho em reuniões de coordenação – trabalho sobre trabalho. Isso não deixa muito tempo para eles trabalharem com suas equipes, o que, consequentemente, muitas vezes são mal geridas e, portanto, fazem um enorme esforço em vão.

Figura I.1 • A reação à complexidade

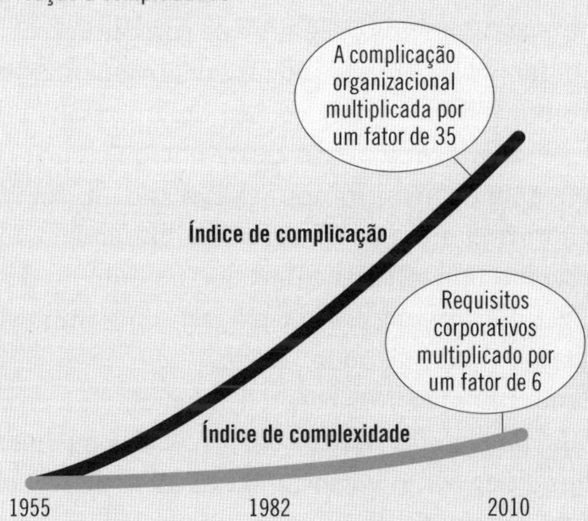

Fonte: Análise BCG

Nossa análise mostra que no quintil superior das organizações complexas as equipes desperdiçam de 40% a 80% de seu tempo. Não é que as equipes estejam ociosas. Pelo contrário, muitas vezes elas estão trabalhando cada vez mais, mas em atividades que não agregam valor. Isso significa que elas têm de fazer, desfazer e refazer e, quando seus esforços parecem ter cada vez menos importância, as pessoas perdem o senso de propósito. Não é de se surpreender que, com base em nossa análise, os funcionários dessas organizações tenham três vezes mais chances de estarem desmotivados em relação aos colaboradores de outras empresas que estudamos. (Veja a figura I-1).

Mas primeiro é preciso entender em que medida o fenômeno da complicação organizacional realmente é generalizado e preocupante. Pesquisamos o aumento da complicação e os resultados são impressionantes. Nos últimos 15 anos, o número de procedimentos, camadas verticais, estruturas de interface, órgãos de coordenação, *scorecards* e aprovações de decisão aumentou dramaticamente – de 50% a 350%, conforme a empresa.[3]

Esse rápido aumento da complicação é chocante. O que também nos surpreendeu é que nossa análise não mostra qualquer correlação entre o tamanho das empresas e seu grau de complicação. Uma grande empresa tem tanta probabilidade de ser relativamente simples (em comparação com o índice médio) quanto uma pequena empresa de ser muito complicada. Também não existe qualquer correlação entre complicação e o grau de diversificação. A diversidade do portfólio de negócios não aumenta automaticamente a complicação. O que importa, então, não é o tamanho da empresa ou o número de empresas concorrentes; o que importa é a forma como a complexidade dos negócios resultante é administrada.[4]

A complicação traz problemas para o desempenho e a produtividade de uma empresa, prendendo pessoas em atividades que não agregam valor e causando desperdício e consumo excessivo de recursos de todos os tipos: equipamentos, sistemas, estoques, comitês e equipes. A complicação também tem um efeito negativo pronunciado sobre a capacidade da empresa de formular uma boa estratégia de negócios, fazendo com que ela perca novas oportunidades e deixe de vencer novos desafios. Como já testemunhamos em primeira mão, a complicação tem efeitos deletérios sobre os seres humanos que estão presos em tais organizações, inevitavelmente levando à frustração, insatisfação e desmotivação.[5]

Na verdade, acreditamos que a complicação organizacional seja a principal razão por que a desmotivação e a insatisfação no trabalho tenham se tornado tão prejudiciais. Pesquisas feitas pelo The Conference Board mostram que o percentual de norte-americanos satisfeitos no trabalho diminuiu de 61% em 1987 para 47% em 2011.[6] Há uma abundância de estudos sobre o estresse, o esgotamento, o suicídio relacionado ao trabalho e até mesmo a morte por exaustão (os japoneses têm uma palavra para isso: *karoshi*).[7]

Alguns argumentam que a queda da motivação seja uma das causas da estagnação da produtividade que aflige as empresas, indústrias e sociedades em muitas partes do mundo.[8] É a falta de motivação que solapa a produtividade?[9] Ou é a pressão para melhorar a produtividade e o desânimo que as pessoas sentem quando seus esforços fracassam que prejudicam a motivação no trabalho?[10] Essa discussão da galinha e do ovo é irrelevante; sempre que nos debruçamos sobre essas questões, percebemos que a motivação do colaborador e a estagnação da produtividade são causadas pelo mesmo fator: a complicação organizacional.

AS CAUSAS DA COMPLICAÇÃO

Mas, como já sugerimos, a complicação em si é apenas um subproduto, um sintoma, do problema real. Para entender suas causas, devemos ir mais fundo para explorar um conjunto de pressupostos profundamente enraizados que orientam o modo como as empresas reagem à complexidade. Ao se debater com o problema, a maioria das organizações se baseou em duas abordagens com uma longa história na teoria e prática de gestão. Nós nos referimos a eles como abordagem "hard" e abordagem "soft". Elas são o produto de duas grandes revoluções na teoria e na prática de gestão durante o século 20 e, infelizmente, continuam sendo até hoje os dois pilares básicos da gestão moderna. Quase todas as teorias e melhores práticas de gestão de hoje baseiam-se em uma dessas duas abordagens e, muitas vezes, em uma combinação das duas – seja para reestruturação, reorganização, transformação cultural, reengenharia ou para melhorar o engajamento ou a motivação.

A abordagem *hard* de gestão

A abordagem *hard* é o resultado de mais de um século de teoria da administração que começou com o trabalho de Frederick W. Taylor na administração científica. Ela foi desenvolvida ainda mais na disciplina de engenharia industrial e continua até hoje em práticas como reengenharia, reestruturação e desenho de processos de negócios.[11]

A abordagem *hard* se baseia em dois pressupostos fundamentais. O primeiro é a crença de que as estruturas, processos e sistemas têm um efeito direto e previsível sobre o desempenho e, enquanto os gestores fizerem as escolhas certas, eles vão conseguir chegar ao desempenho desejado. Assim, por exemplo, se você quiser que seus funcionários personalizem a sua oferta às exigências do mercado local, basta escolher uma estrutura organizacional descentralizada; se quiser aproveitar as economias de escala, escolha uma estrutura centralizada, e assim por diante. O segundo pressuposto é que o fator humano é o elo mais fraco e menos confiável da organização e é essencial controlar o comportamento das pessoas por meio da proliferação de regras para especificar suas ações e por meio de incentivos financeiros vinculados a métricas e indicadores-chave de desempenho (KPIs, sigla em inglês de Key Performance Indicators) cuidadosamente projetados para motivá-los a ter o desempenho desejado pela organização.

Talvez a abordagem *hard* tenha feito sentido no passado, mas é perigosamente contraproducente no ambiente empresarial complexo de hoje. Quando a empresa precisa atender aos novos requisitos de desempenho, a solução *hard* é adicionar novas estruturas, processos e sistemas para ajudar a satisfazer essas exigências e, por conseguinte, a contratação de um "czar" da inovação, de uma equipe de gestão de risco, de uma unidade de conformidade, do líder centrado no cliente, do gestor de qualidade e dos inúmeros coordenadores e interfaces que se tornaram tão comuns nas empresas. (Veja o quadro "Além do organograma".)

Tenha em mente

ALÉM DO ORGANOGRAMA

A organização de uma empresa por função, geografia, produto, segmento de cliente, tecnologia ou alguma outra dimensão é um problema que as empresas enfrentam continuamente. É comum uma organização tentar várias opções ao longo do tempo.

Mas, em um ambiente de complexidade, o fato de determinada tarefa estar contida nesta ou naquela caixa do organograma tornou-se menos importante. O desempenho depende cada vez mais da cooperação entre as caixas. Se você organizar a empresa por função, terá de fazer com que as pessoas cooperem para satisfazer as variadas necessidades dos clientes locais. Se, por sua vez, você organizá-la pela geografia, vai precisar fazer com que as pessoas cooperem para desenvolver conhecimentos funcionais, assim como na organização por produto, tecnologia ou segmento de clientes. Não importa como você organize as caixas, sempre haverá requisitos de desempenho que exigem cooperação.

Até mesmo a pergunta: "Onde é que fica a P&L, nas regiões ou nas unidades de negócios?" que muitas vezes está no centro das discussões sobre o desenho organizacional tem pouca relevância hoje em dia. Prova disso é que as empresas que definem a declaração de lucros e perdas (P&L) como a pedra angular da responsabilidade acabam com múltiplas P&Ls – uma por região, outra por unidade de negócio, outra por conta de clientes-chave, uma quarta por produto e, às vezes, até por componente do produto – em suma, mais complicação. Nós não estamos dizendo que o desenho organizacional não seja importante. É fundamental. Mas, como veremos, ele deve ser feito de uma forma muito diferente das práticas atuais.

A abordagem *soft* de gestão

As soluções *hard* têm algumas engrenagens rangentes que precisam de lubrificação e para isso as empresas se voltam para o que chamamos de abordagem *soft* – práticas como formação de equipes, iniciativas pessoais, eventos de integração, retiros e outras (tudo além do próprio trabalho) – de forma que as pessoas possam se sentir melhor no trabalho e atuem melhor em conjunto. A abordagem *soft* tem suas principais origens na obra de Elton Mayo, na década de 1920, o que levou ao desenvolvimento da escola de relações humanas da gestão. De acordo com essa perspectiva, uma organização é um conjunto de relações interpessoais e sentimentos que as governam.[12] O bom desempenho é um subproduto das boas relações interpessoais. O que as pessoas fazem é predeterminado por características pessoais, as chamadas necessidades psicológicas e as mentalidades. Em outras palavras, para mudar de comportamento no trabalho, é preciso mudar a mentalidade (ou as pessoas).

À primeira vista, a abordagem *soft* pode parecer a antítese da abordagem *hard*, mas não é. Ambas tentam controlar o indivíduo. A única diferença está no fato de que a abordagem *soft* pressupõe que o que realmente importa é o bem-estar emocional em vez dos estímulos financeiros. Os estímulos emocionais incluem atividades de integração, comemorações de todos os tipos, bem como o uso de "estilos de liderança" adequados. A dinâmica que essas duas respostas à complexidade produzem é mais ou menos assim: a abordagem *hard* cria novos obstáculos para as pessoas e contribui para a insatisfação e a desmotivação. Como as pessoas se sentem mal e ineficazes, os gerentes usam a abordagem *soft*, aparentemente para ajudá-las a se sentir e trabalhar melhor. Assim, os gestores acreditam que abordaram o problema, embora tenham atacado somente os sintomas. Paradoxalmente, isso coloca o ônus da continuidade da desmotivação nas próprias vítimas. Se os problemas persistirem (e, é claro, eles sempre persistem), deve ser porque existe algo psicologicamente errado com as pessoas envolvidas – uma má atitude ou uma mentalidade errada. *Os gestores simplesmente não entendem.* Como veremos em alguns dos nossos exemplos de empresas, na pior das hipóteses a abordagem *soft* pode tornar-se um disfarce para o preconceito e a estereotipagem – por exemplo, sobre as atitudes de mulheres ou jovens na força de trabalho – que levam a um enorme desperdício de talento, acrescentando ineficácia à injustiça.

As abordagens *hard* e *soft* são a raiz do problema

Em nossa experiência, a complexidade só pode ser enfrentada por pessoas que usam seu discernimento imediato. A autonomia das pessoas é, portanto, essencial para lidar com a complexidade. Nenhuma estrutura, planejamento ou regras e procedimentos formais será suficiente para prever os tipos de problemas que as pessoas da linha de frente do negócio terão de enfrentar, as soluções que terão de inovar ou novas oportunidades que serão capazes de reconhecer. Nesse aspecto, o fator humano não é o elo mais fraco – algo a ser minimizado e contornado. Pelo contrário, é o recurso fundamental para lidar com a complexidade. As empresas precisam investir – e confiar – na inteligência e na criatividade de seu pessoal, expandindo sua autonomia e margem de manobra. Só então os funcionários serão capazes de fazer julgamentos, equilibrar complexas soluções de compromisso, encontrar soluções criativas para os novos problemas e fazer a coisa certa, utilizando da melhor maneira possível a informação disponível e interpretando as regras para satisfazer o espírito e não apenas as regras. O simples acúmulo de estrutura sobre estrutura e a multiplicação de procedimentos e regras formais (incluindo alguns que se contradizem) com a abordagem *hard* só acrescenta novos obstáculos para lidar com a complexidade.

E, pela própria natureza da complexidade, nenhum indivíduo tem a resposta completa. Por isso, é igualmente necessário que as pessoas utilizem sua autonomia para cooperar umas com as outras. As empresas precisam incentivar – e, de fato, impelir – as pessoas a executar suas tarefas especializadas de uma forma que também aumente a eficácia dos outros. Mas, quanto mais as pessoas cooperam, mais difícil fica determinar quem contribuiu com o que na solução definitiva. A proliferação de métricas e incentivos da abordagem *hard* não só contribui para a complicação mas também, impede o tipo de cooperação necessária para lidar com a complexidade do negócio.

Essas duas características – autonomia e cooperação – são precisamente o que a abordagem *hard* procura eliminar. Sua meta é imunizar a organização contra os riscos percebidos inerentes à autonomia das pessoas e minimizar a necessidade de cooperação. A crença é: se as estruturas, processos e sistemas são adequados, e se todos tiverem recebido a formação necessária e os incentivos corretos, então todos poderão permanecer dentro de seus silos, fazendo o que tem de ser feito, e não haverá necessidade de cooperação. Quanto à abordagem *soft*, ela impede a autonomia das pessoas no sentido de usar sua inteligência, porque vê decisões e ações como respostas pavlovianas às necessidades psicológicas e estímulos emocionais do indivíduo (assim como a abordagem *hard* vê essas decisões e ações como respostas pavlovianas a estímulos financeiros). Além disso, como veremos nos próximos capítulos, a ênfase nos bons sentimentos interpessoais típicos da abordagem *soft* cria obstáculos à cooperação. A cooperação não tem nada a ver com um convívio afetivo. Os dois pilares das práticas de gestão atuais são incapazes de lidar com os novos desafios que as empresas enfrentam. À medida que as abordagens *hard* e *soft* estão sendo esticadas além de suas limitações, as empresas têm de recorrer a costuras e remendos em sua estrutura e a processos gerenciais que não conseguem resolver a complexidade e que também tornam o fracasso cada vez mais oneroso para todos os interessados.

O círculo vicioso da gestão

O encontro da complexidade do negócio com as abordagens *hard* e *soft* gera uma reação em cadeia de complicação e um círculo vicioso para as organizações. Diante da nova complexidade, as tentativas *hard* e *soft* de controlar os indivíduos só consegue criar complicação. A complicação leva à estagnação da produtividade e à desmotivação, que, por sua vez, se alimentam mutuamente. Em resposta, as empresas redobram seus esforços com mais correções *hard* e iniciativas *soft*, que só servem para piorar o problema. (Veja a Figura I-2).

Mas, como veremos, existe outra solução.

Figura I.2 • O círculo vicioso da gestão

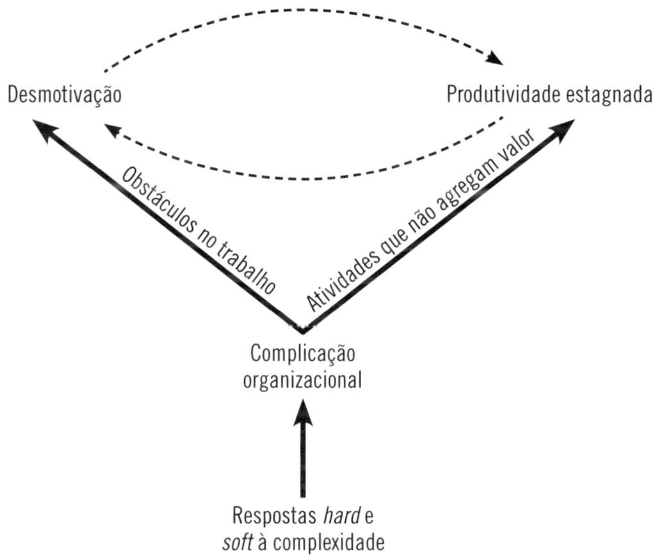

SIMPLICIDADE INTELIGENTE

As regras simples são uma maneira de romper esse círculo vicioso e começar a ir além das abordagens *soft* e *hard*, a fim de lidar de forma eficaz com a complexidade do negócio (veja o Quadro "A visão geral das Seis Regras Simples"). O principal objetivo é criar mais valor por meio de um melhor gerenciamento da complexidade do negócio. No entanto, na medida em que os gerentes removem as costuras e remendos que se acumularam com uso de abordagens obsoletas, a complicação e os custos resultantes dela também são eliminados. Nesse sentido, as seis regras constituem uma terceira revolução na gestão – a "simplicidade inteligente". Ao ajudar a gerenciar a complexidade e remover a complicação, as regras simples permitem que as organizações melhorem simultaneamente o desempenho e a motivação. Além do mais, o círculo vicioso é transformado em um círculo virtuoso: melhor desempenho leva a mais oportunidades para as pessoas; mais oportunidades geram mais motivação; maior motivação nutre aspirações mais elevadas e contribui para um desempenho ainda melhor.

As regras são baseadas na premissa de que a chave para gerenciar a complexidade é a combinação de autonomia e cooperação. Essas são duas palavras que as pessoas raramente imaginam juntas, mas é precisamente essa combinação que é necessária para lidar com a complexidade, sem complicação. A autonomia individual explora a flexibilidade e a agilidade das pessoas; enquanto isso, a cooperação traz sinergia para que os esforços de todos sejam multiplicados da forma mais eficaz para o grupo.

O objetivo das regras simples é criar situações em que a autonomia de cada pessoa, ao usar discernimento e poder, se torna mais eficaz pelo resto do grupo e em que as pessoas colocam sua autonomia a serviço do grupo. As regras foram pensadas para criar um contexto organizacional em que a cooperação se torna a melhor opção para cada indivíduo. Em outras palavras, essas regras ajudam a organizar e a gerir de uma forma que torna a cooperação um comportamento individualmente útil – uma "estratégia racional" – para as pessoas. As regras simples não visam controlar empregados e impor diretrizes e processos formais; em vez disso, criam um ambiente em que os funcionários trabalham em conjunto para desenvolver soluções criativas para os desafios.[13] A cooperação alcançada graças às regras simples é tal que, a qualquer momento, as pessoas são mutuamente beneficiadas e impelidas pelas outras a buscar as soluções certas para lidar com os requisitos de desempenho, mesmo se o certo não puder ser especificado antecipadamente.[14] A simplificação conduzida de forma ingênua – ignorando ou descartando a complexidade do negócio – é um beco sem saída. É preciso ser inteligente e jogar com a esperteza das pessoas. Você tem de reconhecer a complexidade do negócio e simplificar de forma a aproveitar a inteligência e o discernimento das pessoas. A combinação de autonomia e cooperação permite que se faça isso.

Por que seis regras e não menos? Sabemos que as seis regras não podem ser reduzidos a menos regras, pois nenhuma regra pode ser deduzida das outras cinco. Nenhuma das seis regras é supérflua. Da

A VISÃO GERAL DAS SEIS REGRAS SIMPLES

1. *Entenda o que seu pessoal faz.* Essa regra propõe que se obtenha uma verdadeira compreensão do desempenho – o que as pessoas realmente fazem e por que o fazem – e evitar a cortina de fumaça das abordagens *hard* e *soft*. Com essa compreensão, você pode usar as outras regras simples para intervir.
2. *Fortaleça os integradores.* Essa regra propõe que se dê às unidades e aos indivíduos o poder e o interesse de promover a cooperação; os integradores, quando reforçados, permitem que cada um se beneficie da cooperação dos outros.
3. *Aumente a quantidade total de poder.* Essa regra mostra como criar mais poder – não apenas mudar o poder existente – para que a organização seja capaz de efetivamente mobilizar as pessoas para satisfazer os vários requisitos de desempenho de complexidade.
4. *Aumente a reciprocidade.* Essa regra e as duas seguintes tiram o foco da criação de condições da autonomia eficaz para se concentrar em garantir que as pessoas usem sua autonomia a serviço do grupo para lidar com a complexidade. A Regra 4 consegue isso por meio de objetivos elevados, eliminação dos monopólios internos e da eliminação de alguns recursos.
5. *Alongue a sombra do futuro.* Essa regra utiliza a força natural do tempo – em vez do uso de supervisão, métricas e incentivos – para criar ciclos de feedback diretos que estimulem as pessoas a fazer seu próprio trabalho hoje de uma maneira que também contribui para a satisfação dos requisitos de desempenho relevantes no futuro.
6. *Recompense quem coopera.* Essa regra muda radicalmente o diálogo gerencial – cobrindo todo o espectro, desde a fixação de metas até a avaliação – fazendo com que a transparência, inovação e aspirações ambiciosas se tornem a melhor escolha para indivíduos e equipes.

mesma forma, jamais encontramos uma situação em que a solução não fosse uma combinação de algumas das seis regras. E não é necessário adicionar outra regra. Juntas, as seis regras constituem um conjunto mínimo suficiente para enfrentar a complexidade.

As três primeiras regras foram criadas para dar às pessoas uma vantagem na forma como mobilizar a sua inteligência e poder no trabalho, proporcionando-lhes conhecimentos relevantes, margem de manobra, poder e os recursos da cooperação. A primeira regra simples é compreender o que as pessoas fazem e porque o fazem. A segunda regra diz respeito à utilização do poder para promover a cooperação. A terceira regra é sobre a criação de poder. Essas três primeiras regras criam as condições para a autonomia individual, de modo que sua eficácia possa ser multiplicada por meio da cooperação com os outros.

As regras 4, 5 e 6 foram criadas para incentivar as pessoas a enfrentar a complexidade e utilizar a sua autonomia para cooperar com os outros, pela incorporação de ciclos de feedback que as expõe o mais diretamente possível às consequências de seus atos sem a necessidade de supervisão e estrutura adicionais ou da burocracia de métricas de conformidade e incentivos. A quarta e a quinta regras criam ciclos de feedback diretos que são intrinsecamente incorporados em processos e atividades de trabalho. Os ciclos de feedback diretos criados pelo quarta regra baseiam-se nas interdependências – espaço, por assim dizer. Os ciclos de feedback da quinta regra são baseados no tempo, gratificando ou penalizando diretamente dependendo de quão bem as pessoas se dedicam hoje ao amanhã. Quando os processos de trabalho não permitem ciclos de feedback diretos, a intervenção gerencial se faz necessária como um último recurso para encerrá-los, por meio de uma avaliação. Esse é o papel da sexta regra.

Em resumo, as três primeiras regras usam influência do grupo para permitir que a autonomia tenha uma vantagem no sentido de usar da melhor forma possível sua energia e discernimento, enquanto as últimas três regras impelem as pessoas a colocar sua autonomia à serviço do grupo. Sempre que as pessoas aplicam plenamente seu poder e inteligência para a maior gama de possíveis soluções que surgem da cooperação, elas são obrigadas a chegar a soluções superiores às pré-definidas ou ligadas aos procedimentos, às estruturas e aos compromissos vagos da colaboração nos grupos informais que apenas buscam o consenso. Ao chamar as regras de "simples", não estamos dizendo que elas são fáceis de por em prática. A sua utilização exige que os gestores pensem e trabalhem de forma diferente. Também não significa que os gestores devam visar a simplificação como um objetivo em si.[15] O que nós queremos dizer, no entanto, é que essas regras permitem que executivos criem uma vantagem competitiva por meio da exploração da complexidade sem se complicarem.

A BASE CIENTÍFICA DAS SEIS REGRAS SIMPLES

As seis regras são baseadas em avanços fundamentais nas ciências sociais que podem ser remetidos ao trabalho de Herbert Simon e Thomas Schelling. Simon recebeu o Prêmio Nobel em 1978 por seu estudo sobre tomada de decisão, e Schelling, em 2005, por seu trabalho sobre a teoria dos jogos em conflitos e cooperação. As pesquisas de Simon trouxeram uma perspectiva radicalmente nova sobre os processos cognitivos, como o indivíduo decide e age, enquanto Schelling nos ajudou a entender melhor as interações entre os indivíduos e os efeitos dessas interações sobre os resultados globais, que podem ser muito diferentes de seus propósitos individuais.

Outros importantes colaboradores intelectuais são Michel Crozier e Robert Axelrod. Crozier começou sua carreira estudando os movimentos trabalhistas nos Estados Unidos depois da Segunda Guerra Mundial e, em seguida, criou uma nova abordagem chamada de análise estratégica das organizações. Axelrod é um cientista político que nos ajudou a compreender melhor a cooperação como processo evolutivo e também cunhou conceitos que usamos para nomear algumas das regras simples.[16]

Esses avanços levaram a uma gama de novas perspectivas sobre as organizações e a informações úteis sobre o comportamento humano que são extremamente relevantes à forma como as organizações gerenciam a complexidade. Por exemplo:

- *O comportamento humano é estratégico.* As pessoas se adaptam ao seu ambiente estrategicamente (no sentido do termo utilizado pela teoria dos jogos), a fim de cumprir determinados objetivos ou metas. Elas têm mais ou menos consciência dessas metas, mas os objetivos podem ser identificados ao estudar cuidadosamente como elas agem. Nesse sentido, o comportamento humano sempre pode ser analisado como uma estratégia racional no contexto de um indivíduo; sempre há "boas razões" (no sentido de razões com poder explicativo) para como as pessoas se comportam.[17]
- *Regras e procedimentos formais não têm efeito predeterminado sobre o comportamento das pessoas.* Em vez disso, as pessoas interpretam ativamente as regras e as utilizam como recurso para cumprir suas metas. O que importa não são as regras, mas como as pessoas as utilizam.
- *A cooperação não é apenas um valor ou objetivo natural (o desejo de que as pessoas "trabalhem juntas como equipe").* É um processo social complexo, difícil de criar e fácil de destruir. As organizações têm de criar o contexto certo para a cooperação.
- *O poder não é um mal necessário ou uma fonte de coerção.* É um recurso fundamental para o indivíduo nas organizações e para a mobilização de uma ação coletiva.
- Esses conceitos são a base sobre a qual as seis regras operam e por que elas funcionam, especialmente levando-se em conta a complexidade que está tornando obsoletas todas as abordagens *hard* e *soft* de gestão tradicionais. Nosso foco nas seis regras simples foi tornar esses conceitos acessíveis – isto é, ajudar os gerentes a usá-las em seu trabalho do dia a dia na condução das organizações empresariais. Você pode considerar as seis regras simples como orientações práticas. Uma vez que todos os problemas de desempenho surgem das ações, decisões e interações entre as pessoas – o que chamamos de comportamentos neste livro – as seis regras fornecem a base para abordar toda a gama de desafios organizacionais, incluindo produtividade, inovação, crescimento e transformação cultural.

PREPARANDO-SE PARA COMEÇAR

Cada um dos seis capítulos deste livro está organizado em torno de uma das regras simples. O objetivo das regras é permitir que os gestores realmente gerenciem, usando as ferramentas que eles sempre usaram – criação da estratégia e desenho organizacional – mas para uma meta diferente e um resultado muito mais eficaz. As regras ajudam os gerentes a promover tanto a autonomia quanto a cooperação a fim de lidar com a complexidade dos negócios de forma eficaz e evitar a complicação organizacional. Ao contrário de outros livros recentes que propõem novos papéis para os gestores, nós nos concentramos menos em questões psicológicas de motivação individual e interações um-para-um e mais no gerenciamento de situações de grande escala e em propriedades coletivas (por exemplo, a produtividade e a inovação) que emergem de múltiplas interações entre os grupos, unidades e equipes.[18] Hoje em dia, fala-se muito sobre sistemas auto-organizáveis e o fim da gestão. Vamos ser claros: nós acreditamos no papel essencial da gestão. Mas afirmamos que os métodos tradicionais, desenvolvidos para uma era menos complexa, são – ou estão se tornando – obsoletos. Vamos começar com a primeira regra fundamental da gestão, a regra simples um – entenda o que seu pessoal faz.

CAPÍTULO 1

Regra simples 1: Entenda o que seu pessoal faz

Atualmente, nas organizações, os gestores muitas vezes não sabem o que realmente fazem as pessoas que trabalham para eles. Cegados pelos pressupostos das abordagens *hard* e *soft*, eles tendem a se concentrar em descrições formais dos cargos (o que as pessoas deveriam fazer) ou em interpretações da personalidade e mentalidade (como as pessoas deveriam ser). O resultado é que os gerentes não compreendem corretamente o comportamento real de seus colaboradores: o que eles realmente fazem.

Por que isso importa? Porque o comportamento pessoal no trabalho é o desempenho em formação. O desempenho de uma organização nada mais é do que o efeito da combinação do comportamento das pessoas – suas ações, decisões e interações. Quando os gerentes não entendem o que seu pessoal realmente faz, também não entendem por que a organização está funcionando (ou não) do jeito que está. Essa falta de compreensão ajuda a explicar por que, quando os gerentes embarcam em iniciativas de melhoria de desempenho, eles muitas vezes prescrevem soluções que não apenas não conseguem melhorar o desempenho, como também aumentam a complicação organizacional.

Neste capítulo, vamos mostrar o seguinte:

- **Analise o contexto do trabalho.** O comportamento pode ser entendido em três elementos fundamentais: os objetivos que as pessoas procuram alcançar (ou os problemas que estão tentando resolver) e os recursos disponíveis que as ajudam ou as restrições que as limitam. Um tipo importante de restrição é o custo de adaptação que as pessoas suportam quando cooperam umas com as outras. Chamamos a combinação desses fatores de contexto de trabalho. Para entender o contexto do trabalho, você deve observá-las em ação, estudar o que elas fazem e conversar com elas e com quem as rodeia.
- **Compreenda como estruturas, processos e sistemas organizacionais afetam o contexto de trabalho.** As estruturas, processos e sistemas formais da organização têm impacto sobre o comportamento e o desempenho, embora de forma muito indireta. O impacto depende de como esses fatores se combinam uns com os outros para estabelecer metas, recursos e restrições aos quais as pessoas ajustam seus comportamentos. Quando os gerentes têm uma compreensão aprofundada das dinâmicas que moldam o comportamento humano na organização, eles ficam em condição de utilizar as ferramentas usuais disponíveis – desenho organizacional, métricas, definições de função, e assim por diante – para influenciar o contexto de trabalho e ajustar o comportamento das pessoas em uma direção que deverá resultar melhoria do desempenho.[1]
- **Não deixe se levar pelas abordagens *hard* e *soft*.** Armados com esse novo conhecimento, vamos revisitar as abordagens *hard* e *soft* para entender mais detalhadamente por que elas só podem produzir complicações. Livrar-se dos pressupostos das abordagens *hard* e *soft* permitirá evitar as confusões que normalmente impedem os gestores de compreender o que realmente está acontecendo em suas organizações, e como o desempenho é gerado a partir do comportamento.

Entender o quê, e por quê, as pessoas fazem é absolutamente fundamental, e por isso esta é a nossa regra simples número 1. Antes que você, gestor, faça qualquer coisa para resolver um problema de desempenho, é possível economizar muito tempo e dinheiro aplicando essa regra em primeiro lugar. Para ilustrar o valor da primeira regra simples, vamos contar o caso da chamada InterLodge, empresa de viagens e turismo com a qual trabalhamos para melhorar o desempenho de sua unidade hoteleira, intercalando análises e interpretações. (Como todos os casos descritos neste livro, trata-se de uma empresa real, mas nós mudamos o nome.) A gestão da InterLodge fez duas tentativas de melhorar o desempenho com base nas abordagens *hard* e *soft*. Não foram bem sucedidas fundamentalmente, porque ambas interpretaram mal o problema. Sem dúvida, no fim a organização compreendeu totalmente os comportamentos que estavam causando o mau desempenho nos hotéis. A InterLodge foi então capaz de fazer mudanças relativamente modestas que, alterando o contexto, resultaram em novos comportamentos e geraram melhorias de desempenho muito além das expectativas iniciais da gestão.

INTERLODGE: UM COMPROMISSO CORAJOSO COM A MELHORIA

A equipe de gestão na InterLodge enfrentava um grande problema: o preço das ações da empresa estava em declínio há algum tempo. Os custos eram demasiado elevados e a rentabilidade, muito baixa. Tanto a taxa de ocupação como o ponto médio de preço por quarto estavam abaixo da meta. De acordo com pesquisas que a empresa havia realizado, a satisfação do cliente estava muito aquém do esperado.

A solução para esses problemas, conforme determinado pela equipe de gestão, foi realizar um conjunto de iniciativas de reestruturação e reengenharia. A equipe criou um programa de serviços compartilhados para atender os grupos de hotéis por região, o que deveria reduzir os custos e também aumentar a qualidade e a consistência nos serviços, comodidades e instalações dos hotéis. Também foram reformulados ou redefinidos alguns papéis e responsabilidades dos funcionários do hotel, com o objetivo de melhorar a produtividade e de concentrar melhor os recursos de forma. Finalmente, a equipe lançou um novo sistema informatizado de gestão de produtividade, esperando melhorar a taxa de ocupação.

Um ano depois, nenhuma dessas mudanças havia produzido qualquer uma das melhorias que a equipe de gestão esperava. A taxa de ocupação e o preço médio da estadia não havia aumentado. O índice de satisfação do cliente não tinha melhorado. A rentabilidade manteve-se abaixo da meta. O preço das ações continuou a cair.

Preocupada (e com certo pânico), a equipe de gestão tomou uma decisão ousada: em um comunicado público, a InterLodge se comprometeu a dobrar o valor das ações no prazo de três anos. O objetivo desse compromisso foi aumentar a confiança dos acionistas e, igualmente importante, motivar a equipe da organização. O compromisso teve um efeito poderoso sobre os funcionários da InterLodge, particularmente sobre os gerentes dos hotéis, mas foi o oposto do que a gestão pretendia: eles não ficaram motivados, mas aterrorizados. Esperava-se que os hotéis aumentassem a taxa de ocupação e o ponto médio de preço e melhorassem a satisfação do cliente, tudo ao mesmo tempo. Como eles poderiam fazer isso? Eles não tinham escolha exceto trabalhar com as ofertas de serviços compartilhados e os sistemas centralizados de gestão de produtividade, então havia pouco a fazer nesse sentido. A organização – incluindo a estrutura de subordinação, funções e responsabilidades e níveis hierárquicos – tinha sido cuidadosamente projetada na reestruturação e não poderia ser alterada novamente.

Assim, os gerentes do hotel procuraram outras maneiras de fazer melhorias e se concentraram na satisfação do cliente, elemento sobre o qual podiam exercer mais influência. Chegaram à conclusão de que uma importante causa de insatisfação era a interação dos clientes com funcionários do hotel. Eles perceberam que as recepcionistas, em particular, eram um problema. Essa equipe subalterna tinha mais contato com os hóspedes, mas suas habilidades de engajamento com os clientes eram limitadas às transações básicas. Os gestores também perceberam que havia um problema com o tipo de pessoa que normalmente ocupava essa posição (relativamente pouco remunerada). Eram jovens e simplesmente não pareciam se importar muito em fazer um bom trabalho. E com certeza não tinham qualquer lealdade com o trabalho ou com a empresa, como evidenciado pela alta taxa de rotatividade na posição. O pessoal de vendas, principal responsável pelo aumento da taxa de ocupação, concordou. Os recepcionistas, eles disseram, muitas vezes não ofereciam quartos para viajantes que chegavam no final do dia, mesmo quando havia vagas disponíveis; em vez disso, simplesmente diziam que o hotel estava cheio. Essa abordagem não fazia qualquer sentido comercial.

A equipe de gestão da InterLodge tomou três medidas para resolver o problema com os recepcionistas. Em primeiro lugar, os gestores esclareceram ainda mais os papéis, *scorecards* e definições de processos para a recepção. Em segundo lugar, colocaram os recepcionistas em um programa de treinamento, para melhorar suas habilidades no "engajamento com os hóspedes" – a teoria era que uma melhor interação faria os hóspedes mais felizes. Em terceiro lugar, eles montaram um plano de incentivo para motivar os recepcionistas a vender mais quartos e ajudar a aumentar a taxa de ocupação.

Seis meses mais tarde, no entanto, os problemas persistiam. Na verdade, as coisas tinham piorado. A taxa de ocupação caiu ainda mais. A média de preço estava baixa. As pesquisas com clientes apresentaram níveis mais baixos de satisfação. A rotatividade na recepção havia aumentado.

Nem é preciso dizer que nesse ponto a equipe de gestão da InterLodge estava extremamente frustrada. A empresa tinha investido recursos consideráveis nas duas iniciativas de melhoria – primeiro, na reestruturação e reengenharia, e, em seguida, nos incentivos e treinamento. O que mais poderia ser feito?

A resposta: a coisa mais importante de todas, ou seja, compreender o que seu pessoal estava realmente fazendo e por quê, no contexto de trabalho diário dos hotéis.

ANALISE O CONTEXTO DE TRABALHO

Para entender o que as pessoas fazem e por que o fazem, é preciso entender o contexto de trabalho dessas pessoas. Esse contexto é composto de três elementos: objetivos, recursos e restrições.[2] O comportamento é as soluções que as pessoas encontram para lidar com seus problemas e atingir seus objetivos, tendo em conta os recursos e as restrições com que se deparam em seu contexto de trabalho. Nesse sentido, os comportamentos devem ser tratados como estratégias racionais. As pessoas podem não estar sempre certas no que decidem fazer. Elas cometem erros. Ainda assim, seu comportamento é sempre uma solução que encontraram para lidar com o que importa para elas. Se tivessem encontrado uma solução melhor, elas fariam outra coisa. Além do mais, todos os mecanismos organizacionais – estruturas, procedimentos, *scorecards*, incentivos e assim por diante – que os gestores acreditam ser determinantes de desempenho são realmente apenas recursos ou restrições que os funcionários usarão ou tentarão contornar para alcançar seus objetivos. Esses mecanismos organizacionais por certo influenciam o comportamento e, assim, o desempenho, mas apenas indiretamente, e muitas vezes de uma forma inesperada. Tudo depende de como as pessoas os utilizam.

Formule hipóteses sobre os objetivos, recursos e restrições

Para determinar o contexto, é preciso reunir informações sobre o trabalho, desenvolver uma hipótese sobre por que as pessoas se comportam de tal forma e, em seguida, testar sua hipótese com mais observação e coleta de dados. Depois de entender o que as pessoas fazem e por que o fazem, é mais fácil melhorar o desempenho, não pedindo ou dizendo o que elas devem fazer, mas mudando seu contexto. Você vai acabar usando menos – e mais apropriados – mecanismos organizacionais, e criando mais valor a custos mais baixos.

Objetivos. Os objetivos são o que as pessoas estão tentando alcançar, os problemas que elas buscam resolver e seus desafios em uma situação particular. Ao observar o comportamento das pessoas e descobrir o que elas fazem, por meio de conversas ou entrevistas, pergunte a si mesmo: para qual tipo de problema esse comportamento é uma solução? Que objetivo isso ajuda as pessoas atingirem? (Veja o quadro "Perguntas a fazer para analisar o contexto".)

Ferramentas para as regras simples

PERGUNTAS A FAZER PARA ANALISAR O CONTEXTO

» Quais são os aspectos mais interessantes do seu trabalho? Por quê?
» Quais são os aspectos mais difíceis, irritantes ou frustrantes? Por quê? Quais são os principais problemas com os quais você tem de lidar em seu trabalho?
» Como você vai resolvê-los?
» Como você pode saber se essas soluções funcionam?
» Com quem (departamentos, pessoas) você tem de interagir para fazer o seu trabalho?
» Quais interações são as mais importantes para o seu trabalho? Por quê?
» Quais são as mais difíceis ou envolvem maior conflito? Por quê? De quem você depende?
» O que eles fazem que afeta a sua capacidade de fazer um bom trabalho?
» Quando eles agem, levam em conta o impacto de suas ações sobre você?

As respostas a essas perguntas fornecem a matéria-prima para iniciar a análise do contexto.

Adaptado com autorização de Erhard Friedberg, "L'Analyse Sociologique des organizations", Pour, edição especial (Paris: L'Harmattan, 1987).

Ao tentar responder a essas perguntas, não considere apenas os objetivos formais estabelecidos pelo sistema de gestão de desempenho ou pelas definições de cargo. Não são os objetivos formais da organização que você precisa entender, mas os objetivos reais dos indivíduos e dos grupos de trabalho que, de fato, podem não ter muito a ver com os objetivos formais da organização. Em vez disso, tente determinar os problemas que as pessoas estão tentando resolver em suas atividades do dia a dia e o que está pessoalmente em jogo para elas em uma situação específica.

Os objetivos e os problemas reais com os quais os funcionários tem de lidar não são tão fáceis de determinar. Isso se deve em parte ao fato de que os indivíduos são geralmente incapazes de articular suas metas, mesmo se questionados diretamente. Ou de que podem conhecer seus objetivos reais, mas preferem não responder por uma série de razões. Por exemplo, podem ter medo de que você use essa informação contra eles. Assim, o que as pessoas dizem em entrevistas e conversas deve ser sempre considerado juntamente com outras fontes de informação, como a observação direta das ações e interações. Você pode então triangular esses dados para descobrir o que está realmente acontecendo.

Recursos. Os recursos são o que as pessoas usam para resolver seus problemas e conseguir o que lhes importa no trabalho. Alguns recursos típicos incluem habilidades e pontos fortes de um indivíduo, cooperação entre os colegas, tempo, informação, orçamento e poder (por exemplo, ser capaz de influenciar algo que importa para outras pessoas). O que alguns consideram um recurso, outros podem considerar uma restrição.

Restrições. As restrições são aquilo que as pessoas tentam evitar, minimizar ou contornar. É tudo o que restringe ou impede que as pessoas atinjam os objetivos importantes para elas. As restrições de uma pessoa podem incluir metas de desempenho, regras organizacionais específicas, falta de margem de manobra ou dependência de outras pessoas para conseguir o que se quer alcançar. As restrições são inerentes às organizações. Assim como os recursos, elas não são nem boas nem más em si mesmas; são apenas conceitos analíticos para entender por que as pessoas fazem o que fazem.

Avalie os custos de adaptação

Um tipo específico de restrição é especialmente importante nas organizações. Trata-se de como os comportamentos se combinam na produção de resultados globais. À medida que você analisa o contexto de trabalho, vai notar as interdependências entre as pessoas. Sempre que o trabalho que uma pessoa faz tem um impacto sobre a capacidade de outras para fazer o que têm de fazer, surgem interdependências. Sempre que há interdependência, é necessário que haja cooperação. Cooperar é levar em conta o que você faz – suas decisões e ações – em relação às necessidades e situações dos outros. Isso significar fornecer aos indivíduos mais recursos – informação, conhecimento, equipamento ou tempo. Pode também significar a eliminação de algumas restrições. Consequentemente, a cooperação dá aos outros uma ampla gama de possíveis soluções. Ela aumenta a capacidade das pessoas de lidar com suas próprias tarefas, o que melhora sua eficácia.

Mas a cooperação não é nada fácil e você não deve presumir que esteja ocorrendo em sua organização. A cooperação entre os indivíduos com responsabilidades, recursos e limitações distintas envolve sempre o que chamamos de custos de adaptação. Imagine um *continuum* de cooperação, como uma linha entre dois pontos extremos. Um deles representa o que é ideal para uma pessoa na situação; o outro determina o que seria ideal para outra pessoa.

Figura 1.1 • O *continuum* da cooperação

A, B: um participante, ou seja, uma função, unidade, equipe ou indivíduo com objetivos específicos, recursos e restrições.

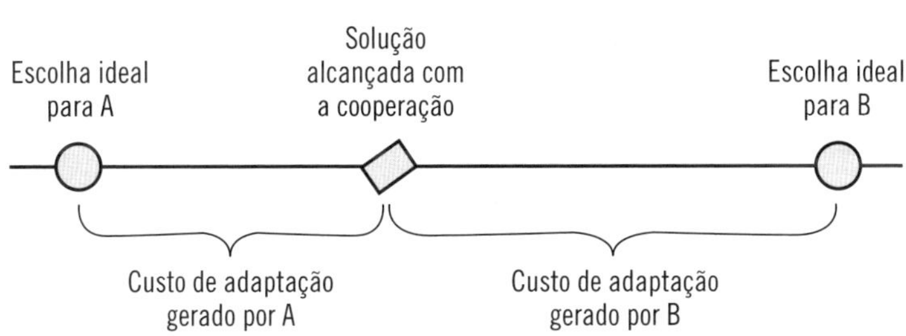

Quando duas pessoas cooperam, elas movem o cursor ao longo do *continuum* a um ponto que não é ideal para nenhuma delas, mas que é benéfico para os resultados globais. A distância entre o ideal de cada uma e a solução encontrada quando elas cooperaram é o custo de adaptação gerado por cada uma delas. Apesar de o resultado global ser maior para o grupo como um todo, a adaptação tem um custo para cada indivíduo. Esse custo pode ser profissional, emocional, de reputação ou, é claro, financeiro. O custo de adaptação para os indivíduos não é de forma alguma reduzido pela possibilidade de compartilhar os benefícios resultantes da cooperação. (Veja a figura 1-1.)

Os custos de adaptação são sinais individuais que indicam como os comportamentos se combinam para produzir certo desempenho. Quando as pessoas usam sua autonomia para evitar a cooperação, então alguém tem de se adaptar. Muitas vezes, são outros funcionários da organização. Mas, às vezes, são pessoas externas à organização – por exemplo, os clientes que sofrem as consequências em termos de defeitos, atrasos ou preços mais elevados; ou acionistas que recebem rendimentos menores por causa das disfunções na organização. Por isso é fundamental para a gestão entender a dinâmica dos custos de adaptação e como eles afetam o desempenho organizacional. (Veja o quadro "Dicas para avaliar os custos de adaptação".)

Ferramentas para as regras simples

DICAS PARA AVALIAR OS CUSTOS DE ADAPTAÇÃO

» *Estresse ou insatisfação.* Quando uma pessoa ou grupo se ajusta às necessidades dos outros, mas os outros não fazem o mesmo, o resultado é geralmente uma situação de alto estresse para aqueles que arcaram com os custos de adaptação.

» *Ressentimento.* Quando uma pessoa ou grupo evita ajustar-se às necessidades dos outros e os obriga a fazer o ajuste, essa pessoa ou grupo é frequentemente alvo de ressentimento.

» *Indiferença*. Quando uma pessoa ou grupo nem faz ajustes nem obriga os outros a fazê-lo, os outros muitas vezes mostram indiferença para com o indivíduo ou grupo.

Procure anomalias

Ao identificar objetivos, recursos e restrições para um conjunto específico de pessoas ou grupos de trabalho, muitas vezes deparamos com anomalias que não se encaixam nos comportamentos que observamos. Por exemplo, você pode descobrir que algo que considera um recurso não está sendo usado pelas pessoas – os gerentes não estão usando o novo sistema de TI ou os formulários de avaliação fornecidos pelo departamento de recursos humanos. Ou você pode encontrar pessoas dedicando muito tempo a questões que, para você, deveriam ser restrições – por exemplo, os gerentes se queixam das tarefas administrativas, mas depois passam horas em seu escritório trabalhando nelas.

Tais anomalias são sempre um bom sinal: você só começa a realmente entender o desempenho e como ele é gerado ao descobrir coisas inesperadas que as pessoas fazem. Quando isso acontece, você deve analisar a anomalia em vez de desconsiderá-la. Na verdade, se você não está encontrando algo inesperado ou incomum, provavelmente é um sinal de que não está percebendo os principais aspectos do contexto de trabalho e que ainda está muito focado em organogramas, descrições de processos, modelos ou orçamentos.

A questão é que nada é inerentemente um recurso ou uma restrição; depende dos objetivos e dos problemas das pessoas. Retornando a um exemplo anterior, a carga administrativa de que os gerentes se queixam realmente pode ser um recurso, se seu verdadeiro objetivo for evitar a interação com equipes sobre as quais eles não têm nenhum poder real. Embora reclamem, esse trabalho é uma maneira de ficar no escritório e evitar o confronto com a sua falta de poder. Dinâmicas como essas são a razão pela qual observar comportamentos é tão importante. Um recurso é algo que as pessoas usam. Se elas não usarem, não é um recurso, mas uma restrição. Buscar anomalias é importante porque os recursos e as restrições são mutáveis. Eles são reversíveis, dependendo da situação. Quando o objetivo ou problema muda, um recurso pode se tornar uma restrição, e vice-versa. Além do mais, objetivos, recursos e restrições estão sempre em interação dinâmica: um determina o outro. As pessoas nem sempre definem um objetivo e, em seguida, procuram os recursos para alcançá-lo. Elas ajustam suas metas aos recursos disponíveis, assim como tentam ajustar os recursos para alcançar uma meta.

As pessoas muitas vezes definem objetivos e descobrem novas aspirações de acordo com as oportunidades que os recursos lhes permitem perseguir.[3]

É como jogar pôquer com os amigos. O objetivo é ganhar? Geralmente, depende das cartas que você recebeu. Se as cartas são ruins, você provavelmente perderá o interesse no jogo. Sua atenção se voltará a outro lugar: você pode ver o que está passando na TV, iniciar uma conversa com um dos outros jogadores, pegar uma bebida. Seu objetivo não é ganhar o jogo, mas simplesmente se divertir. Mas quando você recebe cartas boas na rodada seguinte, de repente parece possível ganhar o jogo. Você presta mais atenção, se engaja novamente. Seu objetivo é vencer.

Como no jogo de pôquer, isso também acontece nas organizações. Muitas vezes, a maneira mais eficaz de mudar as metas das pessoas não é intervir diretamente sobre os objetivos, mas mudar os recursos disponíveis. As pessoas então ajustam suas metas para os novos recursos e se reengajam.

ANALISANDO O CONTEXTO DE TRABALHO NA INTERLODGE

Agora vamos tentar entender o contexto de trabalho dos recepcionistas da InterLodge. Nós começamos a trabalhar com a organização após o fracasso das duas tentativas anteriores de melhoria de desempenho, ao lado de uma equipe interna de vendedores, que passou um mês observando e conversando com os recepcionistas de vários hotéis, a fim de entender os problemas que eles tentavam resolver, as metas que tentavam alcançar e os recursos e as restrições disponíveis.

A equipe descobriu que a parte mais difícil do trabalho dos recepcionistas era lidar com as reclamações dos clientes. Essas queixas geralmente se referiam a problemas de manutenção, como uma TV quebrada, um banheiro entupido, uma torneira com defeito ou o mau funcionamento de um aquecedor. Parte do problema era que, embora as camareiras limpassem os quartos todos os dias, elas estavam tão focadas em bater suas metas de produtividade que não percebiam os problemas ou não os relatavam para manutenção (porque exigiam tanto tempo e interação que reduziria sua produtividade). Elas simplesmente continuavam a limpeza dos quartos como se tudo estivesse bem. Os recepcionistas sofriam as consequências dessa cooperação insuficiente entre o serviço de limpeza e a manutenção.

O que acontecia normalmente é que o hóspede descobria o problema ao fazer check-in (ou ao retornar ao quarto) à noite e, em seguida, ligava para a recepção para reclamar. Mas, a essa hora, a área de manutenção já estava fechada e simplesmente levaria muito tempo encontrar alguém para realizar um reparo de emergência. Os recepcionistas tinham de lidar sozinhos com os clientes irritados.

Recepcionistas lidam com os clientes o tempo todo. Quando os clientes se irritam e gritam com eles, suas vidas no trabalho se tornam um inferno. Ao falar com os recepcionistas, a equipe descobriu algo que pode parecer óbvio em retrospecto, mas, na verdade, exigiu muito trabalho ser descorto: o objetivo do recepcionista não era ganhar incentivos financeiros pela melhoria da taxa de ocupação, mas evitar os dissabores de lidar com clientes insatisfeitos.

A restrição dos recepcionistas era sua dependência das funções de limpeza e manutenção. Essas duas funções determinavam se o trabalho dos recepcionistas seria ou não um inferno. Como os recepcionistas se comportavam nesse contexto? Eles tinham três soluções que lhes permitiram explorar os recursos disponíveis:

- *Atendimento pessoal.* Quando os clientes se queixavam, os recepcionistas – especialmente os mais jovens e mais enérgicos –

inicialmente tentavam resolver o problema sozinhos, correndo de um lado para o outro entre a recepção e os quartos com problema. Mas esse comportamento irritava os demais clientes que estavam na recepção para fazer o check-in e tinham de esperar o recepcionista retornar. Assim, além de ter de compensar as deficiências do serviço de limpeza e de manutenção, eram também culpados pelos clientes e pela gerência de fornecer um serviço de má qualidade. Essa situação era uma causa importante para a alta taxa de rotatividade.

- *Manter quartos na reserva.* Uma maneira de acalmar os clientes irritados era oferecer-lhes outro quarto. Mesmo se a nova acomodação não fosse muito melhor, os clientes insatisfeitos tendiam a apreciar um recepcionista que se dava ao trabalho de ajudar dessa forma. Essa era uma boa solução para o funcionário, mas não tão boa para a organização. Era precisamente esse comportamento que estava contribuindo para a baixa taxa de ocupação, já que os recepcionistas deixavam quartos vazios como reserva, caso precisassem deles para acalmar os clientes insatisfeitos.
- *Ajuste de preços.* Às vezes, os recepcionistas também aplicavam suas habilidades recém-descobertas de engajamento com o cliente para negociar reembolsos, descontos ou vouchers com um hóspede irritado. Isso acalmava o cliente, mas não melhorava a experiência do cliente e reduzia o preço médio do hotel.

(Para uma ilustração dessa análise, veja a figura 1-2.)

Como você pode ver a partir dessa análise, os jovens recepcionistas eram forçados a arcar com os custos de adaptação causados pelo comportamento das funções de retaguarda. Eles tinham poucas opções; de alguma forma, precisavam lidar com os clientes irritados. Os custos de adaptação com que arcavam eram simultaneamente financeiros (eles não atingiam o seu bônus), emocionais (eram responsabilizados tanto pelos gerentes quanto pelos clientes) e profissionais (em determinado momento, eles ficavam tão esgotados que resolviam sair, sacrificando sua carreira na empresa para começar do zero em outro lugar).

Figura 1.2 • O contexto de trabalho dos recepcionistas

PARTICIPANTES	OBJETIVOS/ PROBLEMAS	RECURSOS	RESTRIÇÕES	COMPORTAMENTOS	
Recepcionistas de hotel	Evitar problemas com os clientes	Quartos vazios	Mais expostos aos clientes	Atendimento pessoal para compensar as funções de apoio	→ Má experiência do cliente Alta rotatividade de pessoal
		Novas habilidades voltadas para o cliente	Dependem de funções de apoio e arcam com as consequências decorrentes da cooperação insuficiente	Quartos em reserva	→ Subutilização da capacidade
				Ajuste de preço	→ O declínio do preço médio

Os clientes também arcavam com os custos de adaptação, na forma de uma má experiência no hotel. E também, é claro, os acionistas da empresa, na forma de retornos decrescentes, causados pela subutilização da capacidade hoteleira, ponto de preço mais baixo e aumento dos custos (especialmente o custo de recrutar novos recepcionistas). Quando as pessoas evitam a cooperação e transferem os custos de adaptação a terceiros, é sempre à custa da organização. Os recepcionistas nunca seriam capazes de compensar totalmente o que as funções de apoio poderiam realizar se estivessem cooperando entre si.

Como resultado dessa análise, a gestão da InterLodge finalmente obteve uma compreensão exata dos comportamentos (racionais, dado o contexto) que geraram o baixo desempenho nos hotéis da empresa. Mas, antes de mostrar o que nós e os diretores seniores na companhia fizemos para corrigir o problema, vamos rever precisamente por que demorou tanto tempo para eles entenderem o que estava acontecendo.

COMO A ABORDAGEM *HARD* DIFICULTA O ENTENDIMENTO SOBRE O DESEMPENHO

De acordo com a abordagem *hard*, o desempenho é uma consequência direta do que os membros de uma organização são orientados e incentivados a fazer. Essa hipótese explica por que a abordagem *hard* insiste tanto na clareza, no detalhamento, na amplitude e na exatidão das definições de cargos e funções, nas especificações de processo, nas normas processuais, e assim por diante. A estrutura define o papel, os processos mostram como realizá-lo e os incentivos motivam a pessoa certa a desempenhar o papel certo. A partir dessa perspectiva, se há um problema de desempenho, deveria ser porque algum elemento organizacional chave está ausente ou não está detalhado o suficiente. Assim, as empresas pulam a identificação do problema de desempenho e passam diretamente para a implantação de novas estruturas, processos ou sistemas para resolvê-lo. Esse erro acrescenta a primeira camada de complicação à organização.

Isso é precisamente o que aconteceu na InterLodge. A equipe de gestão reestruturou e reprojetou a organização sem realmente entender o que as pessoas faziam e por que faziam. Só depois de um ano de resultados decepcionantes é que se começou a prestar atenção na linha de frente. Qual foi a conclusão? Os recepcionistas não estavam vendendo quartos para os clientes que chegavam no fim do dia. Eles não estavam engajando com os clientes a ponto de deixá-los satisfeitos. Não estavam cobrando a preço correto do quarto. Mas isso não é o que os recepcionistas estavam fazendo; é o que eles não estavam fazendo.

Muitas vezes, o diagnóstico se concentra no que as pessoas não conseguem fazer. Nossa equipe de vendas não faz vendas cruzadas; nossos gerentes não estão tomando decisões; nossos engenheiros não estão inovando. No entanto, as pessoas não passam o dia não fazendo vendas cruzadas, não decidindo, não inovando. Elas fazem coisas – o que e por quê? Nós não nos concentramos no que as pessoas fazem, mas o que eles não fazem. Portanto, não entendemos por que elas fazem o que fazem. Então, como podemos mudar isso? A abordagem *hard* afirma que apenas precisamos adicionar novos incentivos, novos processos, novas estruturas. Ao fazer isso, nós complicamos as coisas sem atacar as causas profundas.

Se você pensar bem, focar no que as pessoas não conseguem fazer, em vez de no que elas fazem, é uma forma totalmente reversa de abordar um problema de desempenho. Mas, dadas as premissas inerentes à abordagem *hard*, realmente não é tão surpreendente. Já que o que importa nessa abordagem são os procedimentos, os problemas devem ser causados por pessoas que se desviam dos procedimentos formais ou, em outras palavras, por uma lacuna no que fazem. Quando os gerentes identificam essa lacuna, eles presumem que deve ser devido a uma lacuna equivalente nos procedimentos formais, talvez uma falta de clareza nas instruções ou a ausência de alguma estrutura organizacional ou sistema que tem de ser adicionado. Na InterLodge por exemplo, a falta de vendas foi explicada pela falta de incentivos para vender.

Os diagnósticos baseados na abordagem *hard* são cheios de explicações semelhantes, o que podemos chamar de "causa-raiz por ausência": "Nós não somos suficientemente inovadores, não temos uma estratégia de inovação." Ou: "Nossos trens estão atrasados porque não temos um departamento de pontualidade". Então, o próximo passo é adicionar um novo elemento organizacional para preencher essa lacuna: uma equipe que desenvolva uma estratégia de inovação (com um novo conjunto de processos dedicados e requisitos de desempenho) ou um grupo de programação e pontualidade que garanta que os trens circulem pontualmente. É por isso que a abordagem *hard* gera complicação.

Para ser claro, não estamos dizendo que os elementos organizacionais, tais como estruturas, processos e sistemas, não sejam importantes. O desempenho é o que e o porque as pessoas fazem aquilo que fazem, não o que elas não fazem. As pessoas fazem o que fazem precisamente devido aos elementos organizacionais já existentes (não por causa dos que faltam). Em contraste com os pressupostos da abordagem *hard*, no entanto, esses elementos não têm um efeito direto e fácil de prever sobre qualquer comportamento ou desempenho. O efeito depende de como eles se combinam para dar forma ao contexto de objetivos, recursos e restrições ao qual as pessoas ajustam suas ações. A questão não é que os elementos organizacionais precisem ser consistentes uns com os outros. Na verdade, é com esse tipo de estrutura que você precisa desse tipo de processo. Julgamentos como esses são, na maioria das vezes, sem sentido. Os elementos organizacionais não combinam uns com os outros de forma abstrata, com base em prós e contras supostos e intrínsecos. É impossível saber como eles se combinam apenas considerando suas características. É somente ao considerar o contexto de trabalho, e seu efeito neste contexto, que os elementos organizacionais podem ser adequadamente analisados e projetados. O efeito dos elementos organizacionais sobre os comportamentos e, por sua vez, o desempenho dependem do modo como as pessoas lidam com esses elementos, como recursos ou restrições.

Considere novamente o exemplo dos recepcionistas de hotel. As novas habilidades que eles adquiriram por meio de programas de formação tornaram-se um recurso para lidarem com o seu verdadeiro objetivo, que era evitar situações estressantes com clientes irritados. Então, eles usaram suas habilidades não para alcançar a meta de preço, mas para oferecer, de forma proativa, descontos e reembolsos. Além do mais, as novas habilidades se combinaram com seus papéis mais claros de uma forma inesperada, o que também forneceu novos recursos para os recepcionistas, mas não da maneira que a gestão pretendia: alguns recepcionistas usaram suas habilidades de interação recém-descobertas para explicar claramente aos clientes que suas responsabilidades se limitavam à recepção e não incluíam atividades de apoio (o que, é claro, só irritou os clientes ainda mais e levou a mais descontos).

E os incentivos financeiros para manter a alta utilização? Eles tiveram pouco efeito sobre as vendas, pois o comportamento dos recepcionistas não era "não vender quartos para os retardatários", mas manter quartos na reserva. Eles não estavam passivamente deixando de vender por falta de incentivos; eles estavam fazendo uma escolha que lhes fornecia o recurso dos quartos desocupados. O programa de incentivo – que mostrou aos recepcionistas o quanto eles poderiam ganhar – somente aumentou a frustração e a rotatividade.

O impacto real do programa de formação e incentivo da InterLodge mostra que, tratando-se de complicação, se um mecanismo organizacional for inútil ele certamente será prejudicial. Às vezes ouvimos gestores dizerem: "Bem, pode não ajudar muito, mas pelo menos não fará mal algum". Essa é uma crença equivocada. Todas as iniciativas organizacionais sempre têm algum efeito, mesmo que indireto, no contexto de trabalho e, assim, iniciativas ou mecanismos inúteis são realmente contraproducentes e causam dano. Adicionar algo inútil é, no mínimo, tão perigoso quanto a eliminação de algo necessário.

Quando as empresas escolhem elementos organizacionais de acordo com seus supostos efeitos sobre os requisitos de desempenho, sem prestar atenção à racionalidade das pessoas envolvidas, é como girar uma roleta organizacional. Quanto mais requisitos existem, mais cara a roleta se torna para os funcionários, clientes e acionistas.

COMO A ABORDAGEM *SOFT* DIFICULTA O ENTENDIMENTO SOBRE O DESEMPENHO

Em contraste com a abordagem *hard*, a abordagem *soft* vê o desempenho como um subproduto de boas relações interpessoais. Mas essa visão confunde o bom relacionamento entre as pessoas com a cooperação realmente produtiva. A verdadeira cooperação não é só diversão e jogos. Como dissemos anteriormente, ela sempre envolve custos de adaptação. Sem dúvida, quando as pessoas se odeiam, tendem a não cooperar. Mas, a partir de certo ponto, bons sentimentos também não ajudam.

Na verdade, quanto melhores os sentimentos entre os indivíduos de um grupo, mais eles se dispõem a evitar prejudicar o relacionamento e arcar com os custos de adaptação sozinhos ou impor os custos a outros do grupo. Assim, eles evitam a cooperação e fazem com que terceiros arquem com as consequências, ou então os compensam com recursos extras que removem interdependências. (Pense no quanto é conveniente ter vários televisores em casa; assim, os membros da família não precisam se dar ao trabalho de cooperar sobre o que assistir em determinado momento.) No local de trabalho, os recursos extras assumem a forma não de TVs, mas de excesso de itens em estoque, atrasos, interfaces e comitês, bem como requisitos do cliente não cumpridos.

Outro atributo da abordagem *soft* é presumir que os comportamentos são conduzidos por características pessoais e pela mentalidade das pessoas. Essa crença resulta de uma dependência excessiva da psicologia, típica da abordagem *soft*: "Para mudar o comportamento, você deve primeiro mudar a mentalidade" é o mantra. Quando isso não funciona, os diagnósticos baseados na abordagem *soft* acabam colocando a culpa na personalidade e nos valores das pessoas. Na InterLodge, por exemplo, tanto a gestão quanto alguns grupos de trabalho (como as equipes de vendas) a princípio presumiram que os recepcionistas eram, de alguma forma, inerentemente desengajados e irresponsáveis, por serem jovens. Já vimos os mesmos estereótipos em outras empresas. Mas a alta taxa de rotatividade na InterLodge não era causada por fatores psicológicos ou por comportamentos estereotipados, como uma suposta falta de lealdade por parte da geração mais jovem. Pelo contrário, os recepcionistas mais velhos e mais antigos eram os que menos se importavam com o hotel e com a satisfação do cliente. Eles começaram suas carreiras quando a satisfação do cliente não era tão importante (porque havia menos pressão competitiva). Com o aumento da pressão da concorrência, esses recepcionistas mais antigos aprenderam truques (recursos) para se proteger da pressão dos clientes.

De forma muito parecida com a abordagem *hard*, a abordagem *soft* tem uma visão invertida. Para mudar o comportamento, é mais eficaz mudar o contexto do que tentar mudar a mentalidade das pessoas. Quando o contexto muda, o comportamento se ajusta e, quando as pessoas se comportam de determinada maneira, seus valores, sentimentos e mentalidades evoluem de acordo. Esses fatores psicológicos não causam a mudança: eles são consequências. Pense nas implicações da cooperação. Muitas vezes ouvimos que, para fazer as pessoas cooperarem, é preciso em primeiro lugar incutir confiança. Isso nunca funciona, porque a mudança ocorre de modo inverso. Quando objetivos, recursos e restrições são alterados para algumas pessoas, a cooperação pode tornar-se um comportamento individualmente útil. Quando as pessoas começam a cooperar, com certo grau de sucesso, dependendo de como o contexto dos outros também foi alterado, a confiança nessas outras pessoas eventualmente irá evoluir, criando um ciclo autossustentado em que os resultados correspondem às expectativas. Aliás, até mesmo a psicologia moderna reconheceu a importância decisiva do contexto. Como Eldar Shafir, professor de psicologia e política pública da Universidade de Princeton, recentemente colocou, "O comportamento humano tende a ser fortemente dependente do contexto. Uma das principais lições da pesquisa psicológica moderna é o poder impressionante que a situação exerce, juntamente com uma tendência persistente de nossa parte em subestimar esse poder em relação a uma suposta influência das intenções e dos traços pessoais".[4] O papel decisivo do contexto não contradiz a noção de autonomia. Longe disso. Temos de levar em conta que a autonomia das pessoas é importante justamente porque os comportamentos são formas inteligentes – estratégicas e adaptativas – de ajustar-se a um contexto, em vez da aplicação automática e passiva de soluções supostamente predefinidas.

Claro que, às vezes, os gestores prestam atenção no comportamento das pessoas. Nós ouvimos executivos dizerem: "Nós criamos uma nova estrutura organizacional, mas, para que ela funcione, as pessoas precisam se comportar de forma diferente". Essa perspectiva, provavelmente, é a mais perniciosa de todas. A abordagem *hard* definiria a nova estrutura organizacional e a abordagem *soft* definiria o comportamento necessário para funcionar efetivamente dentro dessa estrutura. Mas os comportamentos não estão acima ou além dos elementos organizacionais. Eles são consequências – mesmo que indiretas e, muitas vezes, surpreendentes – desses elementos. Se o contexto estiver em contradição com os comportamentos anunciados em cartazes corporativos, as pessoas ficarão desconfiadas das mudanças planejadas ou mesmo céticas.

O RESULTADO NA INTERLODGE

Então, o que aconteceu na InterLodge? Uma vez que a equipe de gestão se esforçou para entender o contexto de trabalho em seus hotéis, ela percebeu que o problema não era que os recepcionistas tinham sido mal treinados, ou que tivessem algum problema psicológico ou de atitude, ou que precisassem de mais incentivos. Pelo contrário, seus comportamentos eram soluções racionais para os problemas que eles enfrentavam. (Veja o quadro "Comportamentos são soluções racionais em um determinado contexto".)

A equipe de gestão tomou três medidas para criar um novo contexto de trabalho, tanto para os recepcionistas quanto para as funções de apoio de limpeza e de manutenção. (Agora, vamos nos concentrar apenas nas decisões de alto nível dos executivos seniores. No próximo capítulo, vamos entrar em mais detalhes sobre como isso foi feito exatamente, devido à dependência do uso da regra simples 2.)

Tenha em mente

COMPORTAMENTOS SÃO SOLUÇÕES RACIONAIS EM UM DETERMINADO CONTEXTO

» As pessoas sempre têm motivos para o que fazem, mesmo que isso não seja sempre razoável do ponto de vista dos outros.
» Todo comportamento é uma solução para um problema.
» Todo comportamento contém evidências dos recursos que mobiliza.
» Todo comportamento demonstra vestígios dos esforços que as pessoas fazem para contornar ou minimizar suas restrições.
» Nunca explique o que as pessoas fazem nos termos de uma mentalidade irracional (isso diz mais sobre as limitações de sua análise do que sobre as limitações das pessoas analisadas).

- *Eliminação de elementos organizacionais inúteis e contraproducentes.* Inicialmente, a empresa se livrou das iniciativas *hard* e *soft*, que realmente não estavam ajudando a resolver o problema. Eliminou também o programa de treinamento de recepcionistas para o "engajamento de hóspedes" e os incentivos financeiros que supostamente deveriam melhorar a ocupação dos quartos, mas que fracassaram.

- *Ajuste dos planos de carreira.* Tradicionalmente, os gerentes da InterLodge subiam na hierarquia com promoções dentro de sua função específica. A alta gestão tornou a promoção dependente de se ter trabalhado em mais de uma função. O objetivo dessa mudança foi garantir que todos os gestores tivessem uma compreensão sobre o que as pessoas realmente fazem em múltiplas funções e como o trabalho em cada função está relacionado com outras funções.
- *Mudança de contexto para produzir cooperação.* A equipe de gestão deu aos recepcionistas certo poder sobre o serviço de limpeza e manutenção. O objetivo dessa mudança foi estimular essas funções a cooperarem entre si e colocar a equipe de linha de frente para resolver os problemas dos clientes, para que os recepcionistas não precisassem contar com descontos ou quartos vagos (criando, assim, um contexto em que essas coisas deixariam de ser um recurso). Vamos falar muito mais sobre essa mudança no próximo capítulo.

Essas mudanças relativamente pequenas tiveram um impacto dramático no desempenho. Em vez de duplicar o preço das ações em três anos, a InterLodge quase triplicou o preço das ações em dois anos.

Essa primeira regra simples – compreender o que as pessoas fazem e como isso gera desempenho – é um precursor essencial para qualquer mudança organizacional. Em vez de ir diretamente dos problemas de desempenho para a criação de novas estruturas, processos e sistemas, você deve procurar entender as causas do desempenho, em termos de comportamento, e os fatores que moldam esses comportamentos. Essa compreensão precisa cria condições tais que estruturas, processos e sistemas em menor número e mais eficazes podem ser estabelecidos no desenho organizacional. (Veja o quadro "Desempenho é comportamento".)

Tenha em mente
DESEMPENHO É COMPORTAMENTO

O desempenho é o resultado daquilo que as pessoas fazem – suas ações, interações e decisões.

Para compreender o desempenho organizacional, os gestores devem rastreá-lo até o que as pessoas fazem e o modo como os seus comportamentos se combinam uns com os outros para produzir resultados globais.

» Descreva o que as pessoas fazem, não o que eles não fazem.
» Identifique suas metas, seus recursos e suas restrições.
» Entenda como os elementos organizacionais existentes moldam tais metas, recursos e restrições.
» Não use explicações com base em mentalidades ou traços de personalidade das pessoas.
» Pergunte-se como os comportamentos se ajustam uns aos outros e como esses ajustes moldam o desempenho.

Quando você sabe o que as pessoas fazem e por que o fazem – sem se referir a prós e contras genéricos, que supostamente deveriam caracterizar estruturas, processos e sistemas, ou à falta de elementos organizacionais, ou à pseudopsicologia, estereótipos ou explicações *ad hominem* – você pode tomar medidas para alterar o contexto do que as pessoas fazem, aumentar a cooperação e melhorar o desempenho global. Outras regras simples mostrarão como fazer exatamente isso.

RESUMO DA REGRA SIMPLES 1

Com o que as equipes executivas das empresas concorrentes realmente concorrem? Não com produtos ou serviços da própria empresa – eles são o resultado. Com a pertinência das suas decisões? Isso é bastante tautológico. Na verdade, as equipes executivas concorrem principalmente com a qualidade de seu conhecimento sobre a própria organização. A primeira razão para a competição entre equipes de executivos é a compreensão do que realmente acontece na organização em que trabalham. Lidar com a complexidade, sem complicações, exige que primeiro você evite ou se livre das falsas explicações derivadas das abordagens *hard* e *soft*, que obscurecem a compreensão do que está realmente acontecendo. Você precisa obter uma verdadeira compreensão do desempenho: o que as pessoas fazem e por que o fazem.

» Rastrear o desempenho até os comportamentos e como eles influenciam e se combinam uns com os outros para produzir resultados globais. Usar a observação, o mapeamento, a medição e a discussão para fazer isso.

» Entender o contexto de objetivos, recursos e restrições, nos quais os comportamentos atuais constituem estratégias racionais para as pessoas.

» Descobrir como os elementos da sua organização (estrutura, *scorecards*, sistemas, incentivos e assim por diante) moldam esses objetivos, recursos e restrições.

» Ao entender por que as pessoas fazem o que fazem e como isso impulsiona o desempenho, você cria a condição *sine qua non* para, então, definir com precisão cirúrgica um conjunto mínimo suficiente de intervenções. Agora você está pronto para usar as outras regras simples para modificar e simplificar os elementos organizacionais com conhecimento adequado do seu impacto sobre o contexto de trabalho e, consequentemente, sobre o desempenho.

CAPÍTULO 2

Regra simples 2: Fortaleça os integradores

Um integrador é um indivíduo ou uma unidade de trabalho que promove a cooperação para o benefício da empresa. Como a cooperação é fundamental para enfrentar a complexidade dos negócios, os integradores desempenham um papel crítico na organização. É por isso que "fortalecer os integradores" é a nossa segunda regra simples.

Neste capítulo, você aprenderá:

- **Em que medida os integradores são diferentes dos coordenadores tradicionais.** Um integrador eficaz tem interesse em fazer com que os outros cooperem e o poder para motivá-los a cooperar. Os integradores asseguram que a organização consiga satisfazer vários requisitos de desempenho sem camadas de estrutura e regras. Eles podem substituir estruturas matriciais complicadas. Um integrador é o oposto de um coordenador, de uma camada dedicada ou de uma gerência média.
- **Como identificar possíveis integradores na organização.** Qualquer pessoa pode desempenhar o papel de integrador como parte de seu trabalho. Mas alguns indivíduos ou grupos de trabalho estão em melhor posição para ser integradores eficazes do que outros. Alguns já têm interesse em promover

a cooperação; outros têm o poder (mas ainda não o interesse) para fazê-lo. Fortalecer os integradores envolve certificar-se de que existam posições na organização com o poder e o interesse.

- **Como transformar gestores em integradores.** Não é preciso ser gerente para desempenhar o papel de integrador. Mas, pensando bem, ser um integrador deveria estar no cerne da função gerencial. No entanto, devido à sua dependência em relação às abordagens *hard* e *soft*, poucos gerentes de hoje trabalham efetivamente como integradores. Vamos mostrar o caminho que os altos executivos podem tomar para resolver esse problema, permitindo transformar seus gerentes em integradores cuja principal missão é gerar uma cooperação construtiva em toda a organização.

Para ilustrar a importância do papel do integrador, neste capítulo vamos contar o caso de uma empresa que chamamos de MobiliTele, fabricante de infraestrutura tecnológica para redes de telefonia celular. O processo de desenvolvimento de novos produtos da MobiliTele estava sempre notoriamente atrasado. Quando as correções *hard* não funcionaram, a MobiliTele usou as duas primeiras regras simples para acelerar significativamente o desenvolvimento de seus produtos.

DIFERENÇAS ENTRE OS INTEGRADORES

As organizações estão literalmente inundadas de funções dedicadas, criadas para ajudar diferentes partes a trabalhar melhor umas com as outras: coordenadores, comitês multifuncionais, grupos de interface, sobreposições e afins. Esses papéis e funções são exatamente o oposto do que consideramos integradores porque, em primeiro lugar, eles não são muito eficazes e, em segundo, contribuem para a complicação organizacional.

Há três coisas que distinguem os integradores das soluções *hard* tradicionais. Em primeiro lugar, ser um integrador não é uma função dedicada. Pelo contrário, é um papel no sistema organizacional que um indivíduo desempenha como parte do seu trabalho habitual. Não é uma questão de função, mas de funcionamento – uma forma de realizar uma função. Em outras palavras, você pode reforçar integradores sem acrescentar a complicação.

Em segundo lugar, ao contrário das pessoas em funções de coordenação, os integradores não intervêm após o fato, revendo a compatibilidade dos diferentes inputs fornecidos por diversas unidades e, em seguida, iniciando uma sequência iterativa de modificações. Em vez disso, os integradores estão diretamente envolvidos na cooperação, onde a ação acontece e onde estão as mais ricas fontes de informação. Ao ajudar as unidades a se beneficiar da cooperação dos outros, eles passam a ser um recurso para essas unidades. Mas eles também funcionam como uma restrição saudável, compelindo as unidades a arcar com os custos de adaptação inerentes à cooperação para o bem maior da organização.

Em terceiro, ao contrário das funções de coordenação tradicionais que podem ser ignoradas pelas pessoas que trabalham nas áreas críticas do negócio, os integradores não podem ser ignorados. O resultado é que eles são muitas vezes o foco de emoções muito fortes. Como eles são um recurso e uma restrição, os integradores normalmente atraem sentimentos positivos e negativos, mas nunca a indiferença. Você pode usar esse fato como uma pista para identificar possíveis candidatos para o papel de integrador em sua organização. (Veja o Quadro "Como identificar possíveis integradores".)

Ferramentas para as regras simples

COMO IDENTIFICAR POSSÍVEIS INTEGRADORES

Os sentimentos que as pessoas expressam sobre o próprio trabalho ou o trabalho dos outros podem fornecer as pistas iniciais para identificar os indivíduos ou grupos de trabalho que são bons candidatos para desempenhar o papel de integrador. Por exemplo:

» *Pessoas que expressam altos níveis de insatisfação no trabalho.* São pessoas que costumam estar no ponto de conexão entre restrições e requisitos. Sua insatisfação geralmente resulta de ter de arcar com a maior parte dos custos de adaptação, porque os outros não estão cooperando com elas. Portanto, são pessoas que têm interesse em melhorar a cooperação, mas ainda não têm o poder para tanto.

» *Pessoas de quem os outros se ressentem.* Ser foco do ressentimento frequentemente é um sinal de que os indivíduos ou grupos de trabalho têm o poder de fazer os outros arcarem com os custos de adaptação da cooperação em seu lugar. Paradoxalmente, também é um sinal de que eles têm em suas mãos as alavancas de cooperação e estão usando esse poder para seus próprios interesses. Uma mudança no contexto de trabalho para proporcionar a tais pessoas um interesse em cooperar com os outros pode transformá-los em integradores eficazes para o benefício da organização como um todo.

CRIAR INTEGRADORES EM FUNÇÕES PROFISSIONAIS EXISTENTES

Quando você examina a sua empresa, não importa como ela esteja organizada – back office, front office, P&D, produção, vendas, grupos de produtos, unidades de negócios e assim por diante – é possível encontrar integradores potenciais. Um lugar óbvio para procurar é entre os indivíduos ou grupos da organização que têm interesse na cooperação, mas não têm o poder de impulsionar os outros a cooperar com eles. Essas são pessoas que, devido à falta poder, são forçadas a arcar com a maior parte dos custos de adaptação porque os outros não cooperam com elas.

Você já conheceu um desses grupos: os recepcionistas da InterLodge. O trabalho deles os colocava em contato mais próximo com os clientes e eles eram os mais diretamente prejudicados quando os clientes ficavam descontentes. Eles tinham interesse na cooperação, mas não tinham como influenciar o comportamento dos outros grupos – especificamente as equipes de limpeza e de manutenção.

Não havia qualquer maneira prática de expor diretamente as camareiras e os funcionários da manutenção à ira do cliente insatisfeito. Mas, talvez, os recepcionistas pudessem dar sua opinião na avaliação e promoção desses colegas de trabalho. Então, uma das mudanças específicas que a gestão da InterLodge realizou foi dar aos recepcionistas uma influência na avaliação de desempenho do pessoal de limpeza e manutenção. No passado, sempre tinha sido fácil para esses colaboradores cumprir os critérios e atingir as metas de sua função individual. Agora, as pessoas nas duas funções de apoio também estavam sendo avaliadas em termos de como efetivamente cooperavam uns com os outros e com os recepcionistas, e a opinião dos próprios recepcionistas passou a ter um peso especial.

Com essa mudança simples, as opiniões e o contexto dos recepcionistas de repente passou a importar para as camareiras e o pessoal da manutenção de uma forma jamais vista. Eles agora tinham um claro interesse em cooperar uns com os outros e com os recepcionistas. Afinal, suas carreiras e a possibilidade de promoção estavam em jogo. Quando essa mudança na forma de avaliar o pessoal nas funções de apoio foi combinada com o novo rodízio de funções gerenciais (que deram aos gerentes um maior interesse pelas interdependências entre as várias funções), a natureza do trabalho mudou rapidamente no hotel. As camareiras começaram a verificar o equipamento dos quartos durante a limpeza e a avisar a equipe de manutenção imediatamente quando algo precisava de atenção. Além disso, as duas funções de apoio tornaram-se muito mais ágeis quando alguém da recepção os chamavam para ajudar a resolver um problema do cliente.

Essa cooperação maior permitiu à empresa satisfazer mais facilmente seus múltiplos requisitos de desempenho:

- *Satisfação do cliente.* Como os quartos estavam limpos e os equipamentos funcionavam, a satisfação do cliente começou a aumentar.
- *Preço médio dos quartos.* Como os hóspedes estavam mais satisfeitos com seus quartos, os recepcionistas passaram a dar menos descontos e assim o preço médio dos quartos aumentou.

- *Maior taxa de ocupação.* Como os recepcionistas perceberam que não precisavam mais manter quartos de reserva – somente quando surgia algum problema – eles ocuparam mais quartos e as taxas de ocupação aumentaram.
- *Baixa rotatividade.* Já que os recepcionistas estavam mais satisfeitos no trabalho, a taxa de rotatividade no cargo diminuiu seis vezes, o que reduziu o custo de recrutamento.
- *Maiores economias de escala.* A cooperação das equipes de limpeza e manutenção resultou em mais manutenção preventiva, com a antecipação dos problemas antes que tivessem a chance de ocorrer e afetar os clientes; a empresa foi, assim, capaz de reagrupar ainda mais a função de manutenção no nível regional.
- *Eliminação da complicação.* Os esforços de treinamentos inúteis e contraproducentes, a definição elaborada de papéis e *scorecards* de desempenho e incentivos e controles relacionados foram todos eliminados.

Graças a essas melhorias, a margem bruta da unidade de negócios de hotéis da InterLodge aumentou 20% no prazo de 18 meses. O rápido crescimento das margens permitiu à empresa ultrapassar sua meta já ambiciosa de duplicar o preço das ações em três anos e quase triplicou em apenas dois anos.

Ao reforçar os recepcionistas como integradores, a InterLodge foi capaz de criar uma organização realmente centrada no cliente. Como antes, os recepcionistas estavam no centro das interações com os clientes do hotel; eles eram os funcionários com os quais os clientes encontravam e conversavam quando algo dava errado. Mas agora os recepcionistas tinham o poder de realmente fazer algo, levando as camareiras e pessoal de manutenção a cooperar na solução e evitar problemas. Anteriormente rendidos, os recepcionistas agora se tornaram integradores. Para alcançar o foco no cliente, faça a organização ouvir aqueles que ouvem os clientes.

A mudança dos padrões de interação entre as funções é muito mais poderosa do que a criação de uma função dedicada de foco no cliente.

Na InterLodge, a equipe de gestão partiu de um grupo de trabalho que tinha interesse na cooperação e deu a ele o poder de impulsionar a cooperação dos outros. Às vezes, porém, reforçar os integradores significa inverter essa dinâmica: pegar um grupo de trabalho com muito poder e que normalmente não tem interesse em cooperar e fazer alterações para que seus membros desenvolvam tal interesse. Como veremos, isso é o que aconteceu na MobiliTele.

MOBILITELE: A BUSCA PELA CAUSA DOS ATRASOS NO DESENVOLVIMENTO

Quando conhecemos a MobiliTele, a empresa levava mais de 30 meses para desenvolver novas versões de seu hardware e software de rede. O padrão da indústria era 20. Como a MobiliTele levava 50% mais tempo para desenvolver novos produtos do que seus concorrentes, as margens de lucro e a participação de mercado da empresa estavam em declínio, enquanto suas falhas estavam aumentando. Apenas um de seus grupos operacionais, conhecido como a unidade de transceptores, era capaz de finalizar seu trabalho no prazo, no orçamento e sem falhas. Devido ao baixo desempenho, a equipe executiva da empresa começou a questionar o engajamento geral das várias unidades de desenvolvimento. Assim, a equipe realizou um levantamento para investigar as atitudes em quatro grupos de trabalho:

- *Os gerentes de programas* eram responsáveis por supervisionar o processo de desenvolvimento de produtos e fazer novos lançamentos no prazo, fornecer especificações técnicas, estabelecer etapas de projeto e acompanhar o processo das unidades de engenharia que desenvolviam os três principais componentes do sistema.
- *Os engenheiros da unidade de transceptores* desenvolviam o transceptor, que recebe e transmite o sinal de rádio entre os telefones celulares de uma rede. (Você provavelmente já viu esses dispositivos instalados em torres e nos topos de edifícios.)

- *Os engenheiros da unidade de coletores* desenvolviam a tecnologia que coleta todos os sinais dos transceptores antes de serem enviados aos usuários através da rede.
- *Os engenheiros de software* desenvolviam o software que opera e monitora todo o sistema.

Tal como acontece com a maioria das pesquisas com funcionários, algumas questões abordavam a opinião das pessoas sobre os processos de trabalho que envolviam outros departamentos. Quando os engenheiros foram questionados sobre os gerentes de programa, a resposta foi neutra. Não havia muitas reclamações, mas também havia pouco feedback positivo (um número incomum de entrevistados responderam "não sei"). A principal impressão foi a de que as outras unidades eram indiferentes aos gerentes de projetos, ao seu papel e a suas responsabilidades. Essa apatia sugeria que os gerentes de projeto não estavam realmente funcionando como integradores. Como dissemos anteriormente, um integrador faz diferença para as pessoas, positiva ou negativamente; portanto, a relação das pessoas com os integradores é sempre carregada de emoções. Quando você é neutro em relação a uma pessoa, geralmente é porque ela não faz diferença para você. (Veja o Quadro "Tome cuidado ao interpretar emoções e sentimentos no trabalho.")

Os entrevistados expressaram uma grande dose de ressentimento, no entanto, em relação à unidade de transceptores. De acordo com os gerentes, esse ressentimento existia desde que a empresa começou a enfrentar uma concorrência mais acirrada e a pressão para lançar novidades cresceu (antes disso, as três unidades de engenharia se relacionavam razoavelmente bem). Quando perguntamos aos engenheiros de transceptores o que achavam desse ressentimento, eles responderam: "Inveja pura! É por causa do nosso desempenho! Nós somos o único grupo que termina o trabalho no prazo!"

Além dessas explicações pseudopsicológicas ("inveja!") dos membros da unidade de transceptores, alguns gerentes seniores também ofereceram explicações culturais para justificar as diferenças de desempenho entre as unidades de trabalho. Por que a unidade de

Ferramentas para as regras simples

TOME CUIDADO AO INTERPRETAR EMOÇÕES E SENTIMENTOS NO TRABALHO

Quando você observa fortes emoções no local de trabalho, lembre-se de que são consequências e sintomas de comportamento. Elas podem não significar o que você imagina à primeira vista. Por exemplo:

» A tensão entre dois grupos de trabalho pode ser o sintoma de um conflito tão intenso que impede a cooperação. Ou pode ser um sinal de que as pessoas estão fazendo o árduo trabalho de cooperação e a tensão decorre dos custos de adaptação com os quais devem arcar.

» Uma bom relacionamento interpessoal pode ser um sinal de que as pessoas acreditam que os custos de adaptação da cooperação valem a pena, dado o benefício individual que estão recebendo. Por outro lado, bons relacionamentos podem ser um sinal de que as pessoas estão evitando cuidadosamente a cooperação, a fim de não aceitar ou impor quaisquer custos de adaptação.

Não suponha que você entende o significado das fortes emoções no contexto do local de trabalho até que entenda como essas emoções são o resultado de comportamentos moldados por um contexto específico de metas, recursos e restrições.

transceptores sempre trabalhou dentro do prazo e do orçamento? "Eles são os melhores da turma, sempre pontuais, muito disciplinados; é claro, eles são suíço-alemães!" (de fato, a unidade de transceptores estava localizada principalmente na Suíça).

Analisando o contexto de trabalho na MobiliTele

Não estávamos satisfeitos com essas explicações psicológicas e culturais sobre o que estava acontecendo na MobiliTele. Então começamos a analisar o contexto de trabalho, utilizando a regra simples que descrevemos no Capítulo 1.

Os gerentes de programa eram responsáveis pelo desenvolvimento das especificações globais de produtos. Isso é feito a partir de conversas com seus colegas, incluindo arquitetos de plataforma, membros da equipe de vendas e de marketing. Eles também conversavam com outros gerentes nas grandes operadoras de telefonia móvel que eram clientes da MobiliTele para desenvolver uma compreensão de suas necessidades.

Os gerentes de programa, em seguida, finalizavam as especificações e passavam-nas para as unidades de engenharia. Mas, mesmo nessa fase inicial, havia problemas. Como os lançamentos de produtos estavam atrasados, as especificações para o lançamento da próxima geração sempre chegavam tarde também. Na verdade, os gerentes de programa haviam criado um cronograma paralelo ao cronograma formal que refletia esses atrasos. Os engenheiros dos três grupos de desenvolvimento tinham de se reportar a ambos os cronogramas, ao formal com os seus marcos oficiais e prazos, e também a um informal que previa ajustes para os atrasos. Acostumados com o atraso nas especificações, no entanto, os engenheiros haviam ajustado seu comportamento de acordo. Já que tinham uma ideia aproximada do que seria o produto da próxima geração, eles começavam a trabalhar no desenvolvimento do seu componente antes da chegada das especificações finais. Eles se gabavam por esse exercício de iniciativa: "Se não começássemos antes, o produto final seria concluído ainda mais tarde".

Nem todas as unidades de engenharia eram igualmente afetadas pelo atraso das especificações do produto. As especificações para o transceptor, ao que se constatou, eram em grande parte determinados mais por padrões de comunicação internacionais e menos – em comparação com as outras unidades – por clientes, fornecedores ou gerentes da MobiliTele. Assim, a equipe de transceptores era capaz de interpretar o que acreditavam que seria a evolução dos padrões de comunicação, iniciar seu trabalho com antecedência e terminá-lo antes das outras unidades.

Essa vantagem inicial da unidade de transceptores tinha um impacto dramático sobre os outros grupos de desenvolvimento. O fato de a unidade de transceptores estar sempre muito mais adiantada do que as outras duas unidades significava que, quando as especificações finais chegavam, os engenheiros da unidade de coletores e os engenheiros de software tinham que desenvolver a grande maioria das soluções alternativas e interfaces para assegurar que seus componentes eram compatíveis com os transceptores e com as especificações. Isso exigia um tempo adicional que não estava no cronograma e recursos adicionais que não estavam no orçamento. Quanto mais tarde as especificações finais chegavam, mais sentido fazia não modificar a parte do trabalho que a unidade de transceptores já tinha feito e maior era a pressão feita sobre todos os outros para modificar o trabalho deles.

Os efeitos negativos dessa dinâmica ultrapassavam os atrasos na entrega. As constantes interrupções para fazer correções e ajustes com o que a unidade de transceptores já tinha feito resultavam em produtos que não satisfaziam plenamente as necessidades dos clientes e, ocasionalmente, até mesmo criavam falhas nos produtos. Quando um cliente reclamava, os arquitetos e vendedores da plataforma precisavam ocupar seu tempo explicando e justificando as alterações, bem como negociar descontos ou outros ajustes de preços. Assim, eles tinham menos tempo para trabalhar na elaboração das especificações de produto com os gerentes de programa para a geração seguinte do produto, o que significava mais atrasos. Devido a todas as correções ao retrabalho, calculamos que apenas 20% do tempo que as equipes de engenharia dispendiam no desenvolvimento de qualquer produto realmente agregava valor.

Por que as pessoas fazem o que fazem: atrasos como um recurso (perverso)

Qual era o objetivo real dos engenheiros? Minimizar os atrasos? Não. As unidades de engenharia não eram penalizadas quando o produto era entregue com atraso ou mesmo quando tinha falhas. Ainda assim, atrasos significavam ter de prever como seria a geração seguinte de especificações e isso invariavelmente significava retrabalho. Então, qual seria a grande vantagem de iniciar o trabalho antes que as especificações chegassem? Bem, de um lado, as unidades poderiam exercer o máximo de autonomia e se organizar em torno de seus próprios procedimentos e pontos fortes. Quanto mais alavancassem seus próprios recursos, mais eficientes seriam, pelo menos, já que eram avaliados de acordo com os critérios de sua própria unidade. Nesse caso, qual era a sua restrição? Lembre-se, restrições são o que as pessoas evitam, contornam ou tentam minimizar. Ao começar o trabalho mais cedo, os engenheiros evitavam as especificações; essas eram as suas restrições. Afinal de contas, as especificações se materializavam e documentavam as interdependências entre as três unidades de desenvolvimento. O verdadeiro problema que os engenheiros estavam tentando resolver era como lidar com essas complexas interdependências.

Ao começar o trabalho antes da chegada das especificações (para economizar tempo) os engenheiros podiam ignorar algumas dessas interdependências. Quanto maior o atraso, mais as unidades se sentiam justificadas por tomar medidas unilaterais sobre como seriam as especificações.

O atraso era uma restrição, como se poderia supor? Não, na verdade era um recurso, pois fornecia aos engenheiros uma saída para as interdependências complexas. Mesmo depois que as especificações chegavam, a gravidade e a urgência sentida pelas unidades justificavam o uso de atalhos e contornos que também simplificavam as dependências críticas. É claro que os atrasos funcionavam como um recurso perverso, do tipo que as organizações muitas vezes criam involuntariamente e que levam a um desempenho ruim.

A unidade de transceptores foi capaz de tirar uma maior vantagem desse recurso (os atrasos nas especificações). Embora seu desempenho fosse de "primeira classe", a unidade de transceptores obteve essa distinção em detrimento das outras unidades e da organização como um todo (e não tinha nada a ver com o fato de que os engenheiros de transceptores eram suíços). Como a unidade podia obter uma maior vantagem inicial (devido ao papel das normas internacionais de transceptores), ela se viu em uma posição que forçava as outras unidades a se ajustar de uma forma que degradava o desempenho dessas unidades, na forma de soluções alternativas que não estavam no orçamento. Quanto mais atrasavam as especificações, melhor era o desempenho da unidade de transceptores, comparado com (e à custa do) resto da organização.

Criar uma nova restrição para reforçar os integradores

Como remodelar esse contexto de trabalho disfuncional? Não havia dúvida de que a unidade de transceptores na MobiliTele detinha o poder. Ela tinha a maior influência sobre as questões que importavam para os outros. Era capaz de interferir na quantidade de trabalho extra que as outras unidades tinham de realizar e na dificuldade técnica envolvida. Os verdadeiros gestores do processo de desenvolvimento, os gerentes de programa, não tinham poder. Eles representavam uma camada desnecessária que teve de ser removida, juntamente com seus relatórios e cronogramas duplicados.

Já que a unidade de transceptores tinha o poder de forçar os outros a cooperar com ela, nós nos perguntamos. Será que os engenheiros de transceptores poderiam ser transformados em verdadeiros integradores? Será que poderíamos criar uma situação em que eles teriam interesse em cooperar e promover a cooperação entre as outras unidades de desenvolvimento de produto para que, juntos, fizessem as escolhas ideais para todo o sistema? Para isso, a unidade de transceptores teria de ser obrigada a arcar com os custos de sua falta de cooperação com as outras unidades de desenvolvimento de produto.

Assim, ajudamos a equipe de gestão da MobiliTele a criar uma nova restrição para a unidade de transceptores: foi anunciado que, no futuro, os engenheiros de transceptores seriam responsáveis por qualquer atraso na concepção e produção de todo o sistema e não apenas do transceptor. Eles deveriam acompanhar os vendedores nas reuniões de avaliação com as operadoras de telefonia para ouvir as suas queixas sobre a funcionalidade do sistema da MobiliTele e seriam responsáveis por responder a quaisquer problemas de qualidade ou questões de prazos não cumpridos. Depois de participar de algumas longas reuniões, ouvir os clientes fartos dos atrasos constantes da MobiliTele e de ter de responder a perguntas difíceis e propor respostas que satisfizessem os clientes, os engenheiros de transceptores definitivamente começaram a sentir na pele os custos da cooperação insuficiente entre as unidades.

A perspectiva de uma exposição frequente às interações com clientes insatisfeitos teve o efeito de tornar a cooperação individualmente benéfica para os engenheiros de transceptores. Em vez de apenas maximizar sua própria margem de manobra, eles começaram a ouvir mais os clientes e seus colegas de marketing e vendas e descobriram maneiras de otimizar a interação com seus colegas de outras unidades de desenvolvimento de produto. Esse novo contexto fez com que os engenheiros de transceptores arcassem pessoalmente com o custo de seus comportamentos não cooperativos. Até então, eles tinham sido capazes de transferir esse custo para outras funções e terceiros, como clientes e acionistas. Uma cooperação insuficiente era agora uma restrição para os engenheiros de transceptores, que não só passaram a cooperar mais com os outros, como também se tornaram integradores eficazes, ampliando a cooperação entre as duas outras unidades de desenvolvimento de produtos e permitindo-lhes simplificar a estrutura matricial com o fim da dimensão de programa. Internalizar os custos da cooperação insuficiente para quem os gera é uma maneira muito eficaz de promover a cooperação.

Até recentemente, a MobiliTele era um monopólio em alguns segmentos de mercado. Para perceber a profundidade da mudança pela qual tiveram que passar, é preciso ir além da definição econômica de monopólio (um produtor com muitos clientes) e considerar a visão da sociologia organizacional. Neste caso, ser um monopólio significa que uma organização pode fazer com que os clientes arquem com o custo da evasão confortável da cooperação entre seus funcionários, na forma de atrasos, defeitos e preços elevados. Sem escolha, os clientes acabam subsidiando a paz interna do monopólio. Com a concorrência mais intensa como resultado da desregulamentação, os clientes estavam agora em posição de se recusar a arcar com esses custos. A verdadeira cooperação teve de começar na MobiliTele.

Porém, quanto mais o trabalho dependia de sentimentos interpessoais positivos, maior era o sentimento de traição pela mudança no trabalho por parte daqueles cujos bons sentimentos foram prejudicados pela mudança. Isso é o que havia acontecido na MobiliTele quando o seu quase monopólio terminou. O próprio tecido social da empresa suportou o atrito inerente à cooperação, mesmo que essa cooperação tivesse sido insuficiente (limitada em apenas fazer correções dentro de duas unidades após a chegada das especificações finais). É por isso que a aplicação da primeira regra simples foi tão importante: para mostrar aos gerentes e engenheiros que o verdadeiro problema não era má vontade ou inveja, mas o próprio funcionamento do sistema. A avaliação sistêmica inerente da Regra 1 ajuda a despersonalizar as questões – o que mostra que os problemas não são causados pelas características pessoais ou pela hostilidade entre as pessoas – e, assim, ajuda a tornar a mudança algo menos difícil e dramático no nível pessoal.

Na MobiliTele, a questão não era que os engenheiros não se importavam, estavam cinicamente enganando seu empregador ou eram culpados pelos problemas no processo de desenvolvimento de produtos da empresa. Eles estavam se esforçando para lidar com a complexidade de sua interdependência. Lembre-se, metas, recursos e restrições não são conceitos psicológicos; eles não descrevem o que as pessoas pensam. Em vez disso, descrevem a lógica do comportamento das pessoas como participantes de um sistema organizacional. Esses conceitos devem ajudá-lo a avaliar a sua organização a partir da perspectiva dos comportamentos que surgem indiretamente, em vez da perspectiva de prós e contras teóricos que deveriam estar diretamente ligados a certos tipos de estrutura, processos, sistemas ou traços de personalidade.

Depois de 15 meses com a unidade de transceptores atuando como um integrador, a empresa estava se saindo muito melhor em satisfazer seus requisitos de desempenho. A MobiliTele estava ultrapassando o padrão do setor em termos da velocidade de colocação de produtos no mercado em 20% e estava emparelhada com seus concorrentes em termos de custo e qualidade. Não havia atrasos passados de uma versão para a outra. O círculo vicioso havia sido quebrado.

TRANSFORMANDO GESTORES EM INTEGRADORES

Em um ambiente de complexidade, ser um integrador está – ou, pelo menos, deveria estar – no cerne do papel gerencial. Mas, para trabalhar de forma eficaz como integradores, os gestores devem abandonar os pressupostos das abordagens *hard* e *soft*. As pessoas não podem ser forçadas a cooperar pela imposição de uma nova estrutura ou ser coagidas com esforços de comunicação ou exercícios de construção de equipes. As pessoas só cooperam quando o contexto de trabalho faz com que a cooperação seja individualmente útil.

Há três coisas que você pode fazer para ajudar os gestores a trabalhar como integradores eficazes, ou seja, instigadores de cooperação produtiva para o bem da organização como um todo.

- **Elimine cargos gerenciais.** Algumas funções gerenciais nunca terão poder suficiente para influenciar o contexto de trabalho para que as pessoas tenham interesse em cooperar. É melhor eliminar essas posições.
- **Diminua as regras.** Muitas regras restringem os gerentes e os impedem de exercitar seu julgamento de forma eficaz. É melhor reduzi-las.
- **Confie mais no julgamento do que nas métricas.** Um dos paradoxos da cooperação é que é extremamente difícil medir quem contribui com quê. Para que os gestores atuem de forma eficaz como integradores, confie no julgamento deles em vez de métricas pseudoprecisas.

Limite funções gerenciais

Apesar de décadas de redução de níveis hierárquicos, a maioria das organizações continua a ter mais camadas do que o necessário. Essas camadas assumem muitas formas: gerentes de projeto (como os da MobiliTele), posições de linha pontilhada em organizações matriciais, sedes regionais e coordenadores funcionais. Muitas dessas camadas são o resultado inevitável da solução *hard* para a complexidade dos negócios. Mas, muitas vezes, também existe outro fator em jogo:

como a empresa não é muito boa para inspirar as pessoas a ter um bom desempenho, ela cria novas camadas, oferecendo promoções para cargos gerenciais como uma "cenoura". Essas posições são apenas substitutos ruins para a verdadeira motivação; elas não acrescentam muito valor e os papéis têm pouco ou nenhum poder.

Em empresas que possuem hierarquias repletas de funções de coordenação e papéis pseudogerenciais, há um número tão excessivo de gerentes que eles tendem a liderar equipes muito pequenas, às vezes compostas por apenas algumas pessoas. Se um gerente tem apenas dois subordinados diretos, ele depende 50% de cada um deles para fazer o trabalho. Os subordinados, no entanto, quase não dependem do gerente. Isso porque, com tantas camadas e unidades, existem muitas maneiras de contornar o gerente. O resultado é uma hierarquia invertida: o gerente depende mais da equipe do que a equipe depende do gerente; os gerentes não têm poder suficiente para agregar valor. É melhor não ter hierarquia alguma do que ter uma hierarquia invertida.

Portanto, o primeiro passo no sentido de reforçar seus gerentes para desempenhar o papel de integrador é reduzir o número de camadas hierárquicas, o que aumenta simultaneamente o âmbito de controle e reduz as linhas hierárquicas. Quando os gerentes estão muito longe da ação eles precisam de métricas, KPIs e *scorecards*. Todos eles são relatórios pobres e representações imprecisas do que as pessoas realmente fazem. Essas representações não conseguem captar a realidade, além de adicionar complicação. Embora a maioria das organizações considere fazer a eliminação de camadas principalmente em termos de economia de custos, a forma como isso pode liberar os gerentes para realmente gerenciar é o aspecto mais importante. Ao remover uma camada de gerenciamento que não tem poder suficiente para influenciar ativamente os contextos de trabalho das pessoas, você não apenas elimina um elemento organizacional que é inútil e que contribui para complicação (e que, por sua vez, altera as informações e retarda as decisões), mas também deixa mais fácil reforçar como integradores as camadas gerenciais que sobraram.

Mantenha e reforce apenas os cargos de chefia para os quais você possa dar respostas claras às seguintes perguntas:

- Que valor essa posição gerencial deveria agregar? O que caberia a esse gerente fazer para as equipes realizarem o que não realizariam espontaneamente? Para ser claro, não estamos nos referindo a criar uma nova descrição de função. Para responder a essas perguntas é preciso entrar nos detalhes sobre as razões por que você precisa dessa camada de gerenciamento e o que não aconteceria sem ela. Com muita frequência, os executivos seniores não sabem ao certo o valor que esperam que seus gestores agreguem.
- Mesmo quando você está convencido de que há algum valor que os gestores podem agregar a determinada tarefa ou grupo de trabalho, você tem certeza de que não há nenhum outro gerente, abaixo ou acima da unidade de trabalho na organização, que pode estar em melhor posição para desempenhar o papel de integrador?

Diminua as regras

Para serem integradores eficazes, os gerentes precisam de margem de manobra para que possam fazer a diferença para suas equipes. Essa liberdade é, muitas vezes, consumida por regras processuais. Assim como muitas organizações têm muitas camadas de gerenciamento, elas também têm regras demais. À medida que os requisitos de desempenho se multiplicam, a reação é multiplicar os procedimentos para tratar de cada requisito. Quando uma nova necessidade urgente surge – para melhorar a segurança, reduzir custos ou gerenciar melhor o risco, por exemplo – a resposta é legislativa, com a criação de novas regras formais. É o mesmo fenômeno que vemos no governo quando os legisladores respondem a todas as chamadas para a ação com uma nova lei.

As regras no local de trabalho podem assumir muitas formas diferentes:

- *Uma definição de processo* especifica que o caminho para alcançar X é fazer Y seguido de Z.
- *Uma meta de desempenho* torna-se prioridade em todas as situações, mesmo quando a meta não faz muito sentido.
- *Um formulário* especifica a única maneira de transmitir cada tipo de informação.
- *O monitoramento de scorecards* especifica como atividade é registrada.
- *Uma solicitação de serviço on-line* é uma regra de interação.
- *Um contrato interno*, como o acordo de nível de serviço (SLA) entre serviços de apoio e clientes internos especifica quais mecanismos constituem um serviço mínimo (muito frequentemente, portanto, o máximo).

A dependência excessiva de regras reflete um mal-entendido sobre como regras realmente funcionam. O que importa não é o que a regra está ditando. É o efeito que a regra tem sobre as ações e interações das pessoas envolvidas – como a regra afeta o contexto dos objetivos, recursos e restrições às quais as pessoas ajustam os seus comportamentos.

Nós já discutimos como as regras são especialmente problemáticas para lidar com requisitos de desempenho contraditórios. As regras não podem acomodar contradições, mas a complexidade está repleta delas. A imposição de diretrizes formais destinadas a especificar e controlar comportamentos inevitavelmente leva a um de dois becos sem saída. Em primeiro lugar, a equipe de gestão cria orientações para cada requisito de desempenho, mas, como as exigências são contraditórias, as instruções acabam entrando em conflito umas com as outras, levando à confusão e muitas vezes a um estresse considerável (lidar com um problema complexo é uma coisa; trabalhar com ordens contraditórias sobre como realizar uma tarefa é algo completamente diferente).

Ou, então, a equipe de gestão cria uma regra que especifica as escolhas a serem feitas face a exigências contraditórias de desempenho. Mas uma escolha estabelecida com antecedência sempre estará a alguma distância do ideal para uma situação específica. Essa distância não é necessariamente um problema quando os clientes têm poucas opções. Mas, no atual ambiente de negócios, onde as escolhas são abundantes, a soma dessas distâncias – acumuladas dia após dia, situação após situação – é o que separa os vencedores dos perdedores. Nenhum conjunto de instruções jamais pode ser completo, atual ou flexível o suficiente para abranger as necessidades numerosas, mutáveis e contraditórias que surgem no local de trabalho. Só quando usam seu discernimento e as informações disponíveis é que as pessoas são capazes de lidar com as contradições intrínsecas às situações complexas. Mas existe outro problema em relação à dependência excessiva de regras processuais se os gestores estiverem agindo como integradores. Depois de um certo limite (que só pode ser determinado pelo contexto específico de trabalho), o acréscimo de novas regras também diminui o controle da gestão sobre as pessoas que as seguem. Na verdade, não é coincidência que uma das práticas mais eficazes dos sindicatos é quando, em vez de fazer greves, os trabalhadores respeitam estritamente todas as regras, e assim nenhum trabalho real pode ser feito.

Não importa o quanto de cuidado seja utilizado para conceber uma regra, ela sempre vai exigir algum julgamento e interpretação na execução. Mas, por definição, não pode existir uma regra sobre como interpretar corretamente uma regra. As pessoas precisam determinar o espírito da norma além do que está escrito. Elas devem usar a sua inteligência em cada situação, em vez de apenas cumprir os requisitos.[1] Portanto, quanto mais regras houver, mais os gerentes dependerão da boa vontade dos membros da equipe na interpretação das normas. O grande problema de haver muitas regras não é que elas limitam a liberdade, mas a liberdade que criam em um sistema projetado para evitá-la – em um sistema incapaz de orientar a liberdade das pessoas para servir aos objetivos finais da organização.

À medida que as regras se acumulam e se aplicam a mais práticas, os gerentes acabam fazendo menos diferença para suas equipes. Eles não têm o poder de fazer ou alterar as regras, porque o poder de regulamentação é normalmente mantido no topo da organização ou por organismos oficiais, como órgãos reguladores ou sindicatos. O resultado é, novamente, uma hierarquia invertida. Os gerentes dependem cada vez mais de suas equipes e as equipes dependem cada vez menos de seus gestores.

Esse efeito contraditório das regras explica por que os pedidos de mais regras muitas vezes vêm dos membros da equipe, e não do gerente. As regras protegem as equipes da hierarquia ao diminuir a margem de manobra dos gerentes. Especialmente os gerentes de campo e de nível médio ficam espremidos entre a demanda de controle de cima para baixo e o desejo de proteção de baixo para cima. Gradualmente, as pessoas na parte superior e na parte inferior da organização começam a desconfiar dos gerentes intermediários que parecem incapazes de assegurar um desempenho eficaz, apesar da abundância de regras que supostamente lhes dá o poder de controlar, mas que, na verdade, lhe tiram o poder.

Assim, para reforçar seus gestores como integradores eficazes, certifique-se de que eles estejam vinculados a menos regras. Dessa forma, eles estarão livres para usar o seu julgamento para estabelecer metas e ambições, definir os critérios de sucesso e avaliar e recompensar o desempenho. O mesmo é verdadeiro para uma empresa à medida ela que cresce. Quanto maior a empresa, maior é a necessidade de integradores e, portanto, maior é necessidade de remover regras ao invés de acrescentá-las. Mas as empresas frequentemente fazem o oposto. (Veja o quadro "Os benefícios de reforçar os integradores.")

Tenha em mente

OS BENEFÍCIOS DE REFORÇAR OS INTEGRADORES

» Maior cooperação direta para otimizar os requisitos de desempenho contraditórios.

» Menos complicação graças à remoção de dimensões matriciais e camadas hierárquicas.

» Menor desperdício e menos erros resultantes do aumento de decisões.
» As decisões são tomadas o mais próximo possível de onde ocorre a ação e onde a informação é mais rica.

Confie mais no julgamento do que nas métricas

Outro efeito contraproducente da abordagem *hard* é que ela leva os gestores a se basear principalmente nas métricas para saber quem deve recompensar. A medição cuidadosa supostamente aumenta a precisão, a objetividade e, assim, o desempenho. Mas uma confiança excessiva nas métricas para avaliar e recompensar o desempenho individual pode ser prejudicial ao desempenho, uma vez que inibe a capacidade dos gestores de atuar como integradores.

Quando todas as pessoas envolvidas em uma tarefa cooperam, seus esforços individuais são multiplicativos, em vez de ser simplesmente aditivos. Essa composição de esforços faz uma grande diferença para o desempenho da equipe. No entanto, quando as pessoas cooperam dessa forma, uma parte de seu esforço individual se manifesta apenas nas conquistas dos outros. Torna-se impossível identificar quem contribuiu para o desempenho global do grupo.[2] Em uma corrida de revezamento 4×100 metros, por exemplo, a equipe vitoriosa nem sempre é aquela que possui os velocistas mais rápidos. Os corredores também têm de passar o bastão com habilidade. Para isso, eles devem desviar energia para seus braços, a fim de fazer a passagem corretamente, e para suas vozes, para se comunicar de maneira eficaz, ao invés de concentrar toda a energia nas pernas para obter a velocidade máxima. Pense no Campeonato Mundial de Atletismo de 2003. Entre as oito equipes que concorreram no revezamento 4×100 feminino, os Estados Unidos eram o grande favorito, mas quem venceu foi a equipe francesa. Com base nos registros individuais de suas corredoras, a equipe norte-americana tinha tudo para ser a mais rápida por uma grande margem. A soma dos melhores desempenhos pessoais nos 100 metros das quatro corredoras norte-americanas, em comparação com os das corredoras francesas dava ao time dos EUA uma vantagem de 3,2 metros. E, considerando apenas os desempenhos de 2003, a margem dos Estados Unidos sobre suas rivais francesas era de 6,4 metros. Segundo Christine Arron, que percorreu a etapa final para as francesas, a vitória foi o resultado de uma cooperação excepcional.[3] Nesse tipo de atividade, não há como medir com precisão o desempenho individual. Será que uma das velocistas executou um trecho individual de forma particularmente mais rápida? Ou seu desempenho excepcional foi consequência da velocista anterior transferir o bastão de forma especialmente precisa? Nenhuma métrica seria capaz de responder a questão. A energia no braço de uma corredora na passagem do bastão faz a diferença na velocidade das pernas da próxima corredora – mas em que medida? (Veja o Quadro "A cooperação não pode ser medida.")

A cooperação sempre envolve uma decisão sobre como alocar o seu esforço, tempo e poder. Essa decisão envolve certo grau de risco pessoal. Você concorda em sacrificar a proteção máxima concedida por seu desempenho mensurável para reforçar de forma desproporcional o desempenho dos outros e os resultados globais.

Quando as empresas usam somente KPIs individuais para premiar o desempenho, as pessoas investem toda a sua energia no resultado individual que pode ser medido, em detrimento da cooperação e dos resultados do grupo. Mas metas coletivas também não funcionam. Elas são necessárias, mas insuficientes. A menos que a cooperação também faça a diferença, o indivíduo deixará de assumir o risco de cooperar com os outros. (Voltaremos a esse assunto no Capítulo 4, quando discutiremos os objetivos valiosos.)

Sim, as empresas precisam de métricas e elas devem medir tudo o que é útil e mensurável para monitorar o desempenho. Mas, a fim de promover a cooperação, elas devem ir além de KPIs e outros sistemas formais de avaliação. Como a cooperação não pode ser medida, recompensar as pessoas por sua cooperação só pode ser feito por meio do reconhecimento pessoal do gestor. Tal reconhecimento é produto da observação e do discernimento, e não das métricas. Como a palavra sugere, o reconhecimento envolve cognição, saber o que as pessoas fazem e entender o que está realmente acontecendo.

Tenha em mente

A COOPERAÇÃO NÃO PODE SER MEDIDA

O que você pode medir:

» O resultado total do grupo (receitas, lucro, retorno sobre o investimento, velocidade de colocação de produtos no mercado e assim por diante).
» Algumas contribuições individuais (eficiência das unidades em tarefas independentes dos outros).

O que você não pode medir com precisão:

» A contribuição de um indivíduo ou de uma unidade para a eficácia dos outros (a contribuição da logística para a eficácia da produção, a contribuição da linha de frente para a eficácia das funções de apoio, e assim por diante).

Portanto:

» Não meça o comportamento; meça os resultados.
» Use o discernimento em vez de medições para avaliar o grau de cooperação.

Esse imperativo lança uma nova luz sobre os vínculos necessários entre as nossas duas primeiras regras simples. Muitas discussões sobre liderança enfatizam a importância da presença gerencial no local de trabalho. Até agora você deve ter percebido que essa presença não é um slogan vazio ou uma postura filosófica abstrata. É uma questão extremamente prática: os gestores têm de estar presentes para observar e reunir, por meio de conversas e interações, os dados não mensuráveis que revelam o conteúdo e o resultado da cooperação. Isso é o que as ciências sociais demonstram e o que os grandes administradores fazem. Sir Alex Ferguson, ex-diretor do Manchester United, o clube de futebol inglês, coloca dessa maneira: "Acho que muitas pessoas não entendem plenamente o valor da observação. Eu percebi que a observação era uma parte crítica das minhas habilidades de gestão."[4] No setor financeiro, as catástrofes poderiam ter sido evitadas se alguns gestores tivessem aplicado o princípio da observação. Esse tipo de conhecimento profundo sobre o contexto de trabalho não tem nada a ver com o que alguns chamam de "microgerenciamento". O objetivo não é estar constantemente dizendo às pessoas o que fazer, mas sim usar esse conhecimento profundo para moldar e remodelar continuamente o contexto de trabalho para promover a cooperação. Só assim os gerentes serão integradores eficazes.

RESUMO DA REGRA SIMPLES 2

Reforce os integradores ao examinar as pessoas diretamente envolvidas no trabalho, dando-lhes poder e interesse para promover a cooperação ao lidar com a complexidade, em vez de recorrer à parafernália de hierarquias, sobreposições, interfaces dedicadas, *balanced scorecards* ou procedimentos de coordenação.

» Entre as unidades operacionais, encontre quem pode desempenhar o papel de integrador para as demais unidades, por terem um determinado interesse ou poder.
» Use os sentimentos para identificar candidatos: as emoções fornecem pistas importantes para a análise, porque são sintomas e não causas.
» Entre as camadas gerenciais, remova as que não agregam valor e reforce outras para atuar como integradores, eliminando algumas regras e contando com a observação e o discernimento (em vez de métricas) sempre que a cooperação estiver envolvida.

CAPÍTULO 3

Regra simples 3: Aumente a quantidade total de poder

Quanto mais uma organização precisa de cooperação para enfrentar a complexidade, mais poder você precisa ter dentro da organização.

No capítulo anterior, discutimos a importância do poder para reforçar o papel do integrador – por exemplo, a delegação de poder aos recepcionistas da InterLodge e a salvaguarda do interesse na unidade de transceptores na MobiliTele. Agora, temos de estabelecer uma distinção entre apenas redistribuir o poder (como no caso da InterLodge) e realmente aumentar a quantidade total de poder na organização. Neste capítulo, vamos discutir como aumentar a quantidade total de poder disponível e por que isso é tão importante no ambiente de trabalho atual.

Você vai aprender:

- **Como entender o poder.** O poder não é uma função direta proveniente de posição, habilidades individuais ou autoridade. Pelo contrário, ele decorre da possibilidade de uma pessoa fazer a diferença em questões que são importantes para as outras.
- **Como criar novas fontes de poder.** Ao aumentar a quantidade de poder disponível na organização, as pessoas assumem mais o risco da cooperação.

- **Como usar o poder de forma habilidosa.** Obter melhores estratégia, liderança e estrutura organizacional, alcançando assim níveis de desempenho muito acima das soluções tradicionais.

Vamos ilustrar essas lições utilizando o exemplo de uma empresa a qual chamamos de GrandeMart, que resolveu um problema de desempenho dando aos gerentes de lojas uma nova fonte de poder.

O QUE É PODER – E O QUE NÃO É

A maioria dos gestores entende que o poder é uma aspecto importante do mundo organizacional. Mas essa compreensão é muitas vezes comprometida pelos pressupostos embutidos nas abordagens *hard* e *soft*. A abordagem *hard* considera o poder como uma consequência automática da autoridade formal ou da posição. Essa crença é refletida em comentários como "quanto mais no topo você estiver no organograma, mais poder terá" ou "se você tem a autoridade, automaticamente tem o poder" ou "se você tem o conhecimento, você tem o poder".

A abordagem *soft*, por sua vez, tende a se concentrar no estilo de liderança ou em características pessoais, tais como o carisma. Esse ponto de vista se reflete em declarações como "ela é uma pessoa extremamente poderosa" ou "ele tem uma presença que projeta poder".

O poder não é nenhuma dessas coisas. Organizações complexas têm gestores em todos os tipos de posição que, de acordo com o organograma, têm autoridade, mas que na realidade têm pouco ou nenhum poder para fazer as coisas acontecerem. (Veja o quadro "Três mitos sobre o poder".)

Esses mal-entendidos sobre o poder não são muito prejudiciais quando poucas interações são necessárias para que o trabalho seja realizado – digamos, como em uma linha de montagem tradicional. Mas, quanto mais o desempenho exige múltiplas interações entre várias unidades organizacionais diferentes, mais esses mal-entendidos comuns em relação ao poder pesam sobre uma empresa e seus integrantes.

Tenha em mente
TRÊS MITOS SOBRE O PODER

- *O poder é um atributo do cargo.* Essa afirmação não é verdadeira; as linhas hierárquicas – sejam elas contínuas, pontilhadas ou cheias – são apenas convenções formais, sem qualquer efeito automático.
- *Autoridade é equivalente a poder.* Essa afirmação também não é verdadeira; a autoridade fornece legitimidade para exercer o poder, não o poder em si.
- *O poder é um atributo dos indivíduos e de seu estilo de liderança.* Mais uma vez, essa afirmação é falsa; estilos ou atributos pessoais podem ser maneiras de exercer o poder, mas não determinam se um indivíduo detém o poder.

O que é o poder? É a capacidade que uma pessoa tem de fazer a diferença em questões – ou desafios – que importam para as outras. Como A pode fazer a diferença em questões que são importantes para B, então B fará coisas que não teria feito sem a intervenção de A. O poder sempre existe, de uma forma ou de outra, seja ajudando ou prejudicando os bons resultados. Ele mobiliza as pessoas, direta ou indiretamente, em direção a uma meta ou um objetivo específico. Examine as áreas de uma organização nas quais os indivíduos estão fazendo tarefas que, se deixadas à própria sorte, elas provavelmente não fariam. Certamente alguém está exercendo poder sobre elas.

Em outras palavras, o poder vem do controle sobre as incertezas que são relevantes para os outros e para a organização. O controle das incertezas determina os termos do intercâmbio entre o indivíduo e a organização. Quanto maiores as incertezas controladas por um participante para outros membros da organização, mais poder para negociar sua participação ele terá e mais ele receberá da organização. Esse conceito é uma grande contribuição do método de análise estratégica desenvolvido por Michel

Crozier e Erhard Friedberg.[1] Lembre-se dos engenheiros de transceptores da MobiliTele. Como eles eram capazes de definir especificações para o transceptor e para os outros componentes do sistema – e assim determinar quanto retrabalho os engenheiros nas outras unidades teriam de realizar –, eles controlavam uma importante incerteza para essas unidades. Como resultado, os engenheiros de transceptores podiam se organizar em torno de suas prioridades, e as outras unidades tinham de se adaptar e arcar com as consequências.

Como esse exemplo sugere, o poder existe somente nas relações entre as pessoas; é uma troca desequilibrada de comportamentos. Apesar da crença popular, o poder não está particularmente relacionado a um desequilíbrio de disponibilidade de informação entre as partes. Em vez disso, a assimetria se relaciona com os termos do intercâmbio em um relacionamento: as possibilidades recíprocas da ação. O desequilíbrio – e, assim, o poder – vem do fato de que A pode fazer uma diferença maior em relação às questões que importam para B do que o contrário. Em outra situação, ou à medida que as condições mudam, B pode ter poder sobre A. O poder não é um atributo do cargo nem dos traços de personalidade das pessoas. Ele decorre de uma relação dependente de uma situação.

O poder tem implicações significativas sobre como os comportamentos se ajustam uns aos outros. As pessoas com maior poder arcam com menor custo de adaptação; aquelas com menor poder são as que pagam o custo maior. Os menos poderosos ajustarão seu comportamento aos mais poderosos. Dependendo de como esses comportamentos se combinam uns com os outros, os resultados terão influência maior ou menor no desempenho. Se aquilo que é ideal para os poderosos diverge das metas globais da empresa, o equilíbrio de poder não será benéfico à organização. Esse foi o caso da poderosa unidade de transceptores na MobiliTele; o que era ideal para a unidade teve um impacto negativo sobre a capacidade da empresa de levar produtos de alta qualidade ao mercado de forma rápida.

POR QUE AUMENTAR A QUANTIDADE TOTAL DE PODER É TÃO IMPORTANTE

É fabuloso quando o poder é utilizado para mobilizar a ação coletiva, promovendo os objetivos de uma organização. Isso aconteceu na InterLodge, como vimos no Capítulo 2. Quando os recepcionistas do hotel receberam mais poder (na forma de voz na avaliação de desempenho das equipes de manutenção e limpeza), eles tiveram muito mais capacidade de desempenhar o papel de integrador. O resultado final foi uma maior – e mais eficaz – colaboração na realização dos objetivos da organização.

O que aconteceu na InterLodge é chamado no mundo dos negócios de "empoderamento". Isso envolveu uma redistribuição de poder das funções de apoio para os recepcionistas. No passado, a promoção nas funções de apoio de manutenção e limpeza era determinada exclusivamente pelos gestores dessas funções. Ao dar voz ativa aos recepcionistas nas avaliações de desempenho e nas decisões de promoção das funções de apoio, a gestão da InterLodge transferiu um pouco desse poder aos recepcionistas.

Embora essas realocações de poder sejam eficazes, é importante criar várias fontes de poder em situações de complexidade nas organizações. Lidar com a complexidade exige níveis elevados de autonomia e cooperação. Mas quando as pessoas cooperam, elas já não são mais autossuficientes; elas se tornam dependentes umas das outras. Portanto, a influência que você tem (ou não) sobre os outros deve desempenhar um papel central em sua decisão de não apenas cooperar, mas também de quanto cooperar. Quanto mais influência você tem sobre o comportamento dos outros, mais corre o risco de se tornar dependente do que eles fazem. Em outras palavras, o poder determina a capacidade de iniciar o tipo de interações de cooperação e de reciprocidade de ação que são essenciais para enfrentar a complexidade do negócio.

Por esta razão, o poder na organização muitas vezes precisa ser mais do que um jogo de soma zero. Se o poder é apenas redistribuído, à medida que os requisitos de desempenho se multiplicam, sempre haverá alguém sem o poder de entrar no jogo de cooperação. Quando a InterLodge precisou oferecer serviços inovadores (acesso à internet) a seus clientes, a organização teve de criar novas bases de poder para sua equipe de manutenção.

Você precisa criar um jogo de soma positiva. É necessário aumentar a quantidade total de poder na organização, para que o poder delegado a alguns não venha à custa do poder de outros. O novo poder pode beneficiar os gerentes em seu papel de integrador e também os membros da equipe, para que eles possam cooperar ainda mais uns com os outros. Dessa forma, você pode canalizar a inteligência de mais pessoas em mais linhas de frente, de forma coerente e flexível, para uma maior eficácia e adaptabilidade.

O PAPEL DO GESTOR NO AUMENTO DA PODER: CRIANDO NOVOS DESAFIOS

Já que o poder é tão importante para o sucesso de um organização empresarial moderna, um dos papéis fundamentais do gestor é encontrar maneiras de criar novas fontes de poder e de multiplicar as bases de poder dentro da organização. É possível fazer isso acrescentando pelo menos um novo interesse que importe a alguém e cuja realização dependa de outras pessoas na organização. Um interesse é algo que importa às pessoas e que faz a diferença para elas. Ele pode ser positivo ou negativo, algo que um indivíduo ou um grupo quer ter ou evitar. Aqueles que possuem influência sobre esse interesse se beneficiam do poder em relação àqueles para os quais o interesse tem importância. Um novo interesse é uma nova base de poder que auxilia alguns, sem tirar o poder de outros.

Evidentemente, nem todos os desafios criarão o tipo de poder que mobiliza a ação na direção que a organização deseja. Um desafio significativo para um indivíduo ou um grupo, mas que não tem relação com os requisitos de desempenho da organização, não é, obviamente, uma interesse adequado ou eficaz. Os gerentes devem criar desafios que sejam importantes para os participantes relevantes e também que se relacionem positivamente com os requisitos de desempenho da empresa.

Para ilustrar esses conceitos, vamos considerar o exemplo da GrandeMart, uma grande varejista, e como utilizamos uma intervenção simples para criar um novo poder e, assim, melhorar o desempenho.

GRANDEMART: OS GESTORES PRECISAVAM AGREGAR VALOR, MAS PERDERAM O PODER

Por mais de uma década, o varejista havia perdido terreno em duas frentes: as lojas de descontos, que conseguiam bater os preços da GrandeMart, e lojas especializadas que ofereciam melhor seleção e maior qualidade em categorias específicas de mercadorias. A participação de mercado da empresa estava diminuindo e ela vinha perdendo vendas e clientes a cada ano.

A GrandeMart decidiu que, para recuperar sua participação de mercado, teria de encontrar maneiras de adaptar suas lojas a uma maior diversidade de padrões de consumo e preferências locais. A mudança no perfil dos clientes da GrandeMart havia sido particularmente dramática. Em uma grande cidade, por exemplo, as lojas da GrandeMart em três locais distintos agora atendiam clientes muito diferentes. Dez anos antes, todos os clientes se enquadravam aproximadamente no mesmo perfil. Como parte do plano de diversificar as lojas da empresa e localizar a oferta, a equipe de gestão sênior decidiu que cada loja deveria realizar um desconto ou uma promoção mensal com produtos que seriam especialmente interessantes para os clientes locais. A cada mês, as lojas deveriam reconfigurar seu layout, atualizar suas exposições e realizar eventos relacionados ao tema em questão.

Para fazer tudo isso, era preciso uma boa dose de diligência e capacidade de resposta por parte dos funcionários da loja. Eles também tinham de cooperar entre os departamentos (como mercearia, higiene pessoal, produtos domésticos e outros) de uma mesma loja. Os gerentes tinham de mobilizar os esforços de suas equipes e fazer com que todos trabalhassem em sincronia.

Era aí que residia o problema. Embora ocupassem posições de autoridade, os gerentes de loja na GrandeMart não tinham muito poder nem influência sobre as questões que importavam a seus colaboradores. Ao longo dos anos, à medida que o mercado mudava, a empresa, como muitas outras, havia centralizado suas principais funções a fim de se beneficiar de economias de escala. Por isso, os gerentes de loja já não faziam muita diferença para os funcionários. Todas as principais questões relevantes ao dia a dia nas lojas – gama e disponibilidade dos produtos, preços e políticas e sistemas de gestão de recursos humanos – eram decididas no topo. Os gerentes se tornaram nada mais que "babás agradáveis", como disse um funcionário. Você se lembra dos gerentes descritos no Capítulo 1, que se queixavam das tarefas administrativas e mesmo assim passavam a maior parte do tempo trabalhando nelas? Esse exemplo era sobre os gerentes de loja eram da GrandeMart. Como resultado, eles evitavam lançar as campanhas promocionais mensais; eles estavam ajustando seus objetivos e aspirações aos poucos recursos oriundos do poder muito limitado que detinham para mobilizar as equipes.

A GrandeMart não podia devolver aos gerentes de loja a influência sobre variedade, contratos, preços, políticas e sistemas que eles tinham perdido ao longo dos anos. As exigências competitivas para a consistência e a economia de escala não tinham desaparecido. Como criar uma nova fonte de poder nas lojas e permitir que eles efetivamente mobilizassem suas equipes na iniciativa de adaptação local, sem comprometer os outros requisitos?

Criando uma nova base de poder

O desafio era encontrar algum interesse que reunisse três características:

- ser *importante para a empresa como um todo*, pois afetaria a forma de atingir as exigências de desempenho.

- ser *importante para os departamentos da loja*, pois diria respeito a uma incerteza que afetava a tomada de decisões em determinadas situações.
- ser *controlado pelos gerentes de loja*, porque seria importante que eles tivessem a capacidade de fazer a diferença nesse caso, o que aumentaria seu poder de mobilizar os funcionários da loja para atender às novas demandas de adaptação local.

O interesse que identificamos dizia respeito a um importante requisito de desempenho: melhorar a satisfação dos clientes, particularmente em relação ao tempo de espera na fila do caixa. Isso era um fator determinante para a experiência do cliente na loja e teve um impacto significativo sobre a lealdade dos consumidores e a frequência de visitas.

Quanto maiores as filas, menor era frequência com que os clientes visitavam a loja. Algumas pessoas, ao ver o tamanho das filas, voltavam a seus carros e iam embora. Em uma grande campanha de comunicação, a GrandeMart anunciou que, a fim de melhor servir seus clientes, as filas nos caixas jamais seriam muito longas. A empresa até marcou no chão de algumas lojas exatamente o que "muito longa" significava.

Para manter essa promessa, a alta gestão decidiu que sempre que as filas dos caixas ficassem grandes, novos caixas seriam abertos imediatamente. Para abrir mais caixas, no entanto, seria necessário que funcionários de outros departamentos operassem as estações. Essa nova prática proporcionou a abertura de que precisávamos. Esse era um interesse que claramente importava para o desempenho organizacional, mas também importava muito para os funcionários da loja.

Como os funcionários da loja se sentiriam sobre ser direcionados para ajudar no caixa dependia de sua situação imediata de trabalho. Quando eram interrompidos em uma tarefa que estavam realizando ou tinham de enfrentar clientes irritados e cansados de esperar, os funcionários consideravam isso um grande distúrbio em seu dia de trabalho. Porém, nas situações em que, ao ter de ajudar no caixa, eles se livravam de uma tarefa de que particularmente não desfrutavam, a distração era bem-vinda. Todos temos tarefas que preferimos, e isso também depende das circunstâncias.

Nossa ideia era que os gerentes de lojas decidissem quais funcionários deveriam deixar seus departamentos para ocupar os caixas. Nós não desenvolvemos quaisquer regras ou elaborados critérios para eles decidirem quem deveria ser escolhido. Deixamos o julgamento para os gerentes. Nosso objetivo era criar uma nova fonte de poder que lhes desse a alavancagem na enorme tarefa de mobilizar os departamentos para a campanha mensal.

À primeira vista, deixar que os gerentes de loja decidam quem deve trabalhar nos caixas extras em momentos de alta demanda de clientes pode parecer uma mudança trivial. Isso certamente não necessitaria de grandes mudanças estruturais ou das costumeiras iniciativas *hard* ou *soft*. No entanto, se você pensar bem, essa simples mudança teve uma enorme influência. Os gerentes de loja agora poderiam fazer a diferença para seus colaboradores e para o desempenho. Agregar valor e deter o poder são dois lados da mesma moeda em organizações eficazes. Quando se trata de projetar organizações, é útil considerar a perspectiva do poder. Os funcionários da loja agora tinham algo a ganhar se prestassem atenção às prioridades estabelecidas pelo gerente de loja – e assim serem convocados a trabalhar no caixa somente quando desejassem. É claro que essa não era uma negociação explícita – "Se você trabalhar bem nos eventos especiais, eu vou levar isso em conta quando tiver de designar pessoas para trabalhar no caixa" – mas era óbvio o suficiente para que os gerentes de loja tivessem uma carta na manga.

O comportamento dos funcionários começou a mudar. Eles passaram a ouvir os gerentes de loja e a levar em conta suas necessidades e prioridades. Eles se engajaram mais com os gerentes no desenvolvimento de ideias para personalizar ofertas e eventos especiais mensais, e estavam mais dispostos a cooperar com pessoas de outros departamentos durante esses eventos.

O aumento da cooperação nas lojas também teve efeitos secundários poderosos. O primeiro diz respeito às promoções mensais especiais. Antes, elas eram uma restrição para os gerentes de lojas, que realmente as evitavam. Mas, agora que eram capazes de mobilizar seus funcionários, esses eventos se tornaram um recurso, e eles passaram a aplicar toda a sua energia neles. Os eventos proporcionaram ainda mais oportunidades para fazer a diferença, ou seja, mais poder.

Ao aumentar a quantidade total de poder, a rede GrandeMart foi capaz de manter sua consistência e economia de escala necessárias no topo, além de fornecer aos gerentes de loja o poder necessário para implementar melhorias customizadas na operação das lojas locais. O resultado desses esforços foi o aumento nas vendas em vários pontos percentuais, nas lojas que aplicavam a nova abordagem, com um aumento equivalente no movimento de clientes, revertendo a queda anterior em ambos os casos.

Mas houve um segundo benefício: a melhoria da cooperação entre as funções centrais e os gerentes de loja. Os gerentes funcionais do centro corporativo da GrandeMart criavam regularmente iniciativas de melhoria de desempenho a serem lançadas em todas as lojas. No passado, as interações entre as funções e as lojas se limitavam à definição do roteiro e dos marcos para implementar as iniciativas de desempenho. Agora, que o contexto dos gerentes havia mudado, eles também poderiam fazer uma diferença maior no trabalho dos gerentes funcionais, mobilizando suas equipes para apoiar novas iniciativas de melhoria.

Os gerentes de loja agora controlavam uma incerteza chave para as funções centrais. Dessa forma, essas funções passaram a ter um verdadeiro interesse em ouvir de forma ainda mais atenta os gerentes de loja e levar em conta suas sugestões para que, em troca, eles mobilizassem efetivamente suas equipes nas iniciativas vindas do centro. Em relação a esse novo poder, os gerentes funcionais criaram uma situação em que os gerentes de lojas também poderiam assumir o risco de cooperar mais com as funções centrais – por exemplo, sendo mais transparentes quanto ao potencial de melhoria da sua loja. Além de coordenar os cronogramas, as funções e as lojas puderam se envolver em uma exploração mais rica de oportunidades de melhoria de desempenho. Os gerentes de loja se envolveram de forma mais ativa nas iniciativas lançadas pelo centro, levando a uma melhoria ainda maior no desempenho. Os gerentes de loja e suas equipes haviam se tornado os jogadores mais eficazes no sistema organizacional e a empresa foi capaz de alavancar de forma mais plena sua inteligência e seu discernimento.

O PODER COMO UM JOGO DE SOMA POSITIVA

Como o caso da GrandeMart sugere, transformar o poder em um jogo de soma positiva é como aumentar o número de cartas do baralho. Quanto mais cartas há no baralho, maior é a variedade de jogadas que cada jogador pode fazer. No local de trabalho, quanto maior a quantidade de poder disponível, mais iniciativas os indivíduos ou as unidades podem assumir com os outros, mais estarão dispostos a aceitar a transparência sobre seu desempenho e maiores serão as chances de que participem – sem limitar a participação dos outros.

Ao pedir às organizações que aumentem a quantidade total de poder, não estamos sugerindo que cada unidade organizacional possua exatamente a mesma quantidade. Não é necessário (ou possível) nivelar o poder em todos os contextos e eventualidades, de modo que cada área seja sempre igual em termos de quantidade de poder sobre os outros. Estamos sugerindo, contudo, que é fundamental evitar uma concentração excessiva de poder que faça com que os funcionários abandonem a cooperação. Quando alguns jogadores são dominados por outros, eles tendem a se isolar. Abaixo de uma certa quantidade de cartas nas mãos, e sempre que possível, as pessoas preferem evitar a cooperação, já que teriam de arcar com a maior parte dos custos de adaptação. Apenas os jogadores capazes de atuar sobre um problema crítico que afete os outros – os que controlam uma incerteza relevante – encontrarão espaço na relação de troca intrínseca da cooperação.

Quando se cria novas bases de poder para as pessoas que até então eram jogadores dominados na organização, é importante determinar a massa crítica do novo poder que realmente fará diferença. Às vezes, ouvimos executivos dizerem: "Demos aos nossos gerentes o poder de avaliar o desempenho de forma justa, graças ao nosso novo sistema de avaliação. Mas eles não usam esse poder. Eles dão pontuações elevadas a todos, mesmo quando é óbvio que o desempenho não foi tão bom como deveria ser". Também ouvimos frequentemente que os gerentes recebem novas alavancas para gerenciar sua equipe, mas "falta a coragem" de colocá-las em uso. Esse tipo de julgamento pseudopsicológico é típico da abordagem *soft*. O que isso normalmente significa é que as pessoas têm certa autoridade (sobre algumas decisões), mas não o poder real. É como um soldado enfrentando dez inimigos com apenas uma bala em sua arma. Em tal situação, a arma não é um recurso; é uma restrição.[2] O uso da arma expõe o soldado mais a problemas do que a soluções.

Quando o poder é criado, ele deve ser suficiente para ser usado. Se o poder menor que o necessário, ele não é um recurso e sim uma restrição. É por isso que os gerentes não usavam o poder que recebiam, pois não era o suficiente para fazer a diferença. Suponha que o gerente use o novo sistema de avaliação e dê uma nota baixa para um funcionário com mal desempenho. Essa pessoa responde: "Estou muito desapontado. Eu me sinto desmotivado. Talvez eu pudesse participar de um treinamento para melhorar?" Caso o gerente não tenha qualquer recurso de treinamento, ele terá de negar o pedido e talvez não seja capaz de contar com o engajamento desse membro da equipe.

A única maneira de saber se as pessoas têm massa crítica de poder – suficiente para utilizá-la – é pela aplicação da primeira regra simples: entender o que seu pessoal realmente faz e por que o faz. No caso dos gerentes de nível médio, faça a si mesmo as seguintes perguntas:

- Quais são as alavancas à disposição deles em termos de orçamento, pessoal, definição de metas e avaliação de desempenho que influenciam as questões realmente importantes para as equipes? Que margem de manobra que os colaboradores possuem para usar essas alavancas?

- O que aconteceria com os gerentes se eles usassem essas alavancas? Elas são recursos ou restrições para eles?
- Você criou um contexto correto de metas, recursos e restrições em que usar essas alavancas de forma eficaz é um comportamento individualmente útil (estratégia racional) para esses gerentes?

APROVEITANDO BEM O PODER PARA ENFRENTAR A COMPLEXIDADE

Ser capaz de aumentar a quantidade total de poder disponível na organização permite que os gerentes pensem e ajam sobre mais requisitos de desempenho. Isso tem implicações para a estratégia, a liderança e o desenho organizacional.

Estratégia e liderança para seguir o ritmo da complexidade

Os requisitos de desempenho tornaram-se numerosos e contraditórios. A cada novo requisito que surge, um novo grau de liberdade é criado para as empresas ganharem ou perderem clientes e, portanto, posições de mercado. Essa complexidade gera uma nova volatilidade. Na verdade, cada requisito de desempenho adicional é uma nova oportunidade para os concorrentes se diferenciarem em relação aos outros. Essa é uma das principais razões pelas quais a volatilidade da liderança do mercado – medida pela frequência de mudanças na participação de mercado entre os concorrentes – multiplicou por um fator de 22 desde a década de 1950.[3] Devido a essa volatilidade, a estratégia é menos uma questão de posição – possuir pontos fortes neste ou naquele setor – e mais uma questão de se adaptar rapidamente às oportunidades à medida que surgem. A vantagem competitiva é uma questão de agilidade e adaptação, exigindo que a organização desenvolva mais opções.

A terceira regra simples é a pedra angular para se criar tais opções: enriquecer o sistema por meio do crescimento do universo de oportunidades. Somente quando há pessoas com poder é que uma empresa pode criar novas capacidades. Empresas que aumentam a quantidade total de poder ampliam sua gama de medidas estratégicas. Como observou um estrategista militar, o general francês André Beaufre, a própria essência da estratégia é proteger e aumentar a liberdade de ação.[4] A organização não está apenas a serviço da execução da estratégia; pelo contrário, é ela que determina a própria possibilidade de uma estratégia.

No entanto, conduzir uma organização com tamanha potência e possibilidade de adaptação cria novos desafios. Líderes em tais organizações precisam estar constantemente à procura de formas de aumentar o número de desafios significativos para as pessoas e também importantes para os requisitos de desempenho. Eles precisam estar intimamente em contato com as necessidades e objetivos de seus colaboradores e entender o que realmente importa para eles. Precisam entender o que as pessoas realmente fazem.

A integração do poder no desenho organizacional

Nas abordagens *hard* e *soft*, o poder é o elemento que falta no desenho organizacional. Quando o desenho organizacional se concentra exclusivamente na estrutura e nos processos, o resultado é o que chamamos de efeito de pêndulo, em que o poder oscila de um grupo para outro, muitas vezes com efeitos desestabilizadores.

Considere o exemplo das diferentes soluções de desenho organizacional para a inevitável tensão entre os gerentes de linha e os gerentes de projeto. A partir da década de 1980, muitas empresas introduziram uma nova função – o gerente de projeto – para melhorar suas capacidades de desenvolvimento de produtos e de atendimento ao cliente. Essa mudança fez com que a estrutura matricial se tornasse muito mais comum. O objetivo da função de gerente de projeto era fazer com que as equipes compostas por membros de vários departamentos diferentes (marketing, design, engenharia, fabricação, vendas e suprimentos) cooperassem para o desenvolvimento de novos produtos que pudessem ser concluídos em termos de especificação, orçamento e prazo, ou para melhor servir os clientes importantes e para que a empresa maximizasse a rentabilidade das vendas.

Para fazer isso de forma eficaz, os gerentes de projeto precisavam de poder, e as organizações deram o poder a eles. Eles ganharam o poder de avaliar os membros da equipe, o que tradicionalmente era atribuído ao gerente de linha, e certa influência nas recompensas e promoções. Mas esse poder veio à custa dos gerentes de linha. Como resultado, os gerentes antigos tornaram-se menos capazes de mobilizar sua equipe na hora de realizar os objetivos de linha, como a criação de novas capacidades ou a implementação de novos padrões tecnológicos. Essas empresas melhoraram significativamente em termos de cumprimento das metas de projeto de curto prazo, mas comprometeram seriamente seu desempenho em termos de metas de longo prazo, tais como manutenção e aumento da experiência da força de trabalho ou realização de inovação tecnológica de ponta.

Quando as empresas que enfrentavam esse dilema começaram a perceber que estavam perdendo terreno nas metas de longo prazo, elas embarcaram em mais um redesign que recuperasse o poder dos gerentes de linha. Mas, é claro, essa nova mudança de poder muitas vezes veio à custa do desempenho de curto prazo dos projetos. Então, o pêndulo continuou oscilando, prejudicando a atividade comercial e desorientando as pessoas, incapazes de conciliar seus requisitos de curto e longo prazos.

Organizações matriciais nem sempre são necessárias, mas matriz alguma consegue ter sucesso sem aumentar a quantidade total de poder, de modo que todos tenham poder suficiente para alcançar seus objetivos. Uma empresa conseguiu que o pêndulo parasse de oscilar ao criar um novo jogo de interesses, controlado pelos gerentes de linha. O novo interesse era a progressão na carreira dos engenheiros com base em suas qualificações. Os gerentes de linha tornaram-se responsáveis pela avaliação dos engenheiros em várias habilidades específicas e podiam promover os melhores para posições de especialistas. Essa responsabilidade foi uma nova carta no jogo, colocada nas mãos dos gerentes de linha. Isso também diz respeito a um importante imperativo de desempenho para a empresa: o desenvolvimento de competências. Tanto os gerentes de linha quanto os de projetos têm agora o poder de que precisam para mobilizar equipes nos objetivos de curto e longo prazo.

Outro exemplo do efeito de pêndulo no desenho organizacional é o velho debate entre centralização *versus* descentralização. Durante décadas, os gerentes locais controlavam muitas decisões da empresa – como publicidade, fabricação, compra, recrutamento e promoções. Nos bancos, por exemplo, os gerentes de agências tomavam as decisões mais críticas; na indústria farmacêutica, eram os diretores nacionais.

Mas, cerca de 20 anos atrás, tudo começou a mudar. Alterações nas barreiras comerciais proporcionaram uma oportunidade de alavancar as economias de escala e as inovações tecnológicas criaram novas maneiras de fazer isso. As empresas centralizaram funções e padronizaram processos. Os gerentes locais acabaram ficando com pouco poder. E era isso que havia acontecido com os gerentes de loja da GrandeMart. As decisões sobre funcionários, seleção de produtos e relacionamento com fornecedores eram todas tratadas de forma centralizada. No setor farmacêutico, os diretores regionais de operações muitas vezes foram reduzidos a meros pontos de contato que tratavam questões regulatórias locais.

Recentemente, no entanto, a situação mudou novamente. Os mercados globais tornaram-se mais voláteis e exigentes. Assim, as empresas precisavam reagir às condições locais e se adaptar às demandas locais. Elas tinham de acrescentar novos recursos a suas operações locais, para garantir a capacidade de resposta e de adaptação e personalização.

Muitas empresas descentralizaram novamente algumas atividades, mas às vezes em detrimento de outros requisitos, desencadeando uma nova mudança em direção à centralização. Essas oscilações no pêndulo não conseguem satisfazer os diversos requisitos de desempenho, além de causar desestabilizações com as frequentes mudanças estruturais. A única solução é criar novas bases de poder nos níveis locais – em lojas, filiais e países – para obter economia de escala e capacidade de resposta local. Assim, as empresas podem conciliar os alvos de centralização e descentralização, algo que nenhuma solução estrutural consegue.

Mais uma vez, esse vai e vem dispendioso e ineficaz no desenho organizacional é impulsionado pela crença no efeito intrínseco da estrutura. Mas o efeito da estrutura é condicional e indireto:

- é condicionado por outros elementos organizacionais, com os quais as estruturas se combinam;
- é indireto, pois o que importa não são os elementos (quer sejam considerados em si mesmos, de acordo com seus prós e contras, ou segundo sua consistência mútua), mas como sua combinação molda metas, recursos e restrições aos quais as pessoas adaptam suas condutas.

É possível parar o pêndulo entre o gerenciamento de linha e o gerenciamento de projetos, ou entre a centralização e a descentralização, mas isso requer dedicar uma atenção rigorosa ao poder no centro do desenho organizacional. (Veja o quadro "Desenho organizacional: pensar além de estrutura, processos e sistemas".)

Ferramentas para as regras simples

DESENHO ORGANIZACIONAL: PENSAR ALÉM DE ESTRUTURA, PROCESSOS E SISTEMAS

Não pense no desenho organizacional em termos de estruturas, processos e sistemas. Será que temos a estrutura certa? Devemos nos organizar por segmentos de clientes, geografias ou funções? Devemos usar processos paralelos ou sequenciais? Uma vez que cada uma dessas soluções supostamente carregam benefícios intrínsecos para lidar com requisitos de desempenho específicos, isso gera uma organização matricial com n dimensões – por região, produto, função, segmento etc –, já que há cada vez mais requisitos a satisfazer.

Em vez disso, pense no desenho organizacional em termos de bases de poder e recursos resultantes. Os recursos são comportamentos concretos, incorporados em pessoas com poder e interesse em fazer alguma coisa. O que desejamos que a nossa organização seja capaz de fazer amanhã que não pode fazer hoje? Quem precisa ter o poder para alcançar esses objetivos e como vamos fornecer esse poder?

Aqui estão algumas questões relacionadas com o poder que podem ser consideradas quando se tomam decisões de desenho organizacional:

- Identifique os desafios que são importantes para os membros da organização. Eles estão alocados neste ou naquele projeto, trabalhando com esta ou aquela tecnologia? Qual a atribuição de tarefas dentro da equipes, o controle de fluxo de trabalho, a carga de trabalho, promoção ou mobilidade geográfica?
- Identifique as pessoas que controlam esses desafios, quais outros desafios elas controlam e seus objetivos e problemas.
- Avalie se existe uma concentração excessiva de poder que impeça a plena participação das pessoas cujo trabalho impacta sobre as múltiplas exigências de desempenho.
- Certifique-se de que cada função tenha o poder que precisa e crie novas bases de poder de acordo com a necessidade.

Os tipos de mudança que as empresas realizam quando aplicam a regra simples 3 – como dar ao gerente de loja o poder para tomar decisões importantes sobre a equipe – muitas vezes parecem pequenos em comparação com as grandes modificações estruturais. Mas as mudanças estruturais sozinhas não levam em conta os efeitos sistêmicos, como o poder e a cooperação. Assim, muitas vezes elas não têm um efeito positivo sobre o desempenho, como têm as pequenas mudanças. Evidentemente, o recurso de poder é necessário mas não suficiente para garantir a cooperação e o bem da empresa. Para que a cooperação seja benéfica, você também precisa de algumas restrições. É aí que as regras simples 4, 5 e 6 entram no jogo.

RESUMO DA REGRA SIMPLES 3

Sempre que você considerar uma adição à estrutura, aos processos e aos sistemas de sua organização, pense em aumentar a quantidade de poder. Isso pode impedir o aumento da complicação e causar maior impacto com um custo menor. E pode ser feito ao permitir que algumas funções tenham influência sobre novos desafios que são importantes para os outros e para o desempenho.

» Sempre que tomar uma decisão de design que fizer o pêndulo oscilar – entre o centro e as unidades, entre as funções e os gerentes de linha, e assim por diante – veja se fazer com que algumas partes da organização se beneficiem das novas bases de poder satisfaz mais requisitos para lidar com a complexidade, de modo que, no futuro, você não tenha que balançar o pêndulo na outra direção (o que só aumentaria a complicação com os atritos mecânicos e as perturbações inerentes a essas mudanças).

» Quando tiver de criar novas funções, certifique-se de dar-lhes o poder de desempenhar seu papel e de que esse poder não venha à custa do poder que outros precisam para desempenhar seus papéis.

» Quando criar novas ferramentas para os gerentes (sistemas de planejamento ou de avaliação, por exemplo), pergunte-se se elas constituem um recurso ou uma restrição. O fornecimento simultâneo de algumas ferramentas é mais eficaz (uma vez que cria uma massa crítica de poder) do que o fornecimento de muitas ferramentas de maneira sequencial, uma após a outra.

» Fortaleça regularmente as bases de poder para garantir agilidade, flexibilidade e adaptabilidade.

CAPÍTULO 4

Regra simples 4: Aumente a reciprocidade

Como você pode garantir que uma organização canalize a autonomia das pessoas da maneira mais eficaz possível?

As três regras simples que descrevemos nos capítulos anteriores aumentam a capacidade das pessoas de lidar com a complexidade – requisitos de desempenho numerosos, voláteis e muitas vezes contraditórios que as empresas precisam satisfazer. Essas regras proporcionam às pessoas novos recursos – o conhecimento sobre as outras pessoas e seus contextos de trabalho, integradores que ajudam a promover a cooperação e novas fontes de poder – para que sejam capazes de tomar melhores decisões e agir de forma eficaz. Em outras palavras, essas regras dizem respeito ao uso do grupo para alavancar a autonomia individual. Seu efeito é aumentar o potencial de discernimento e a energia do indivíduo.

Nestes próximos três capítulos, descreveremos as regras simples que impelem as pessoas a lidar com a complexidade. Estas três regras canalizam o discernimento e a energia das pessoas para que elas realmente tomem decisões melhores e medidas que auxiliem o desempenho global. Tais regras consistem na autonomia de cada indivíduo a serviço do grupo. Seu efeito é garantir que o maior potencial das pessoas, alcançado pelas três primeiras regras, seja totalmente utilizado para o bem da empresa.

As últimas três regras conseguem isso ao criar ciclos de feedback que expõem as pessoas, da forma mais direta possível, às consequências de suas ações. Alguns desses ciclos estão contidos em tarefas e atividades, em vez de serem impostos pelos superiores, para que tenham efeito imediato sobre as pessoas – gratificante ou punitivo –, dependendo do desempenho em suas atuais situações de trabalho. A utilização de ciclos diretos de feedback leva a uma maior flexibilidade e adaptabilidade nas organizações, já que os próprios ciclos se adaptam às circunstâncias específicas. Quanto mais direto é o ciclo de feedback criado, melhor você atenderá aos requisitos de desempenho e mais complicações organizacionais poderá evitar.

A Regra Simples 4 – aumentar a reciprocidade – cria um contexto em que o sucesso de cada pessoa depende do sucesso pessoal de todos, assim como o desempenho global depende da cooperação entre indivíduos e grupos. Por reciprocidade queremos dizer o reconhecimento por parte dos membros de uma organização que todos têm interesses mútuos na cooperação – que o sucesso de um depende do sucesso de todos. Ao aplicar essa regra, as interdependências técnicas e econômicas das tarefas envolvidas no desempenho são refletidas nas interdependências pessoais entre os indivíduos, devido aos interesses mútuos em jogo. A principal ferramenta de gerenciamento para aumentar a reciprocidade é o que chamamos de *objetivos valiosos*.

Neste capítulo, você aprenderá:

- **Como a abordagem *hard* ao desenho de funções e objetivos acaba destruindo o senso de reciprocidade.** Assim como as visões convencionais sobre o poder podem levar a mudanças de poder contraproducentes de soma zero e ao efeito pêndulo, existem equívocos comuns em relação às funções e aos objetivos que tornam mais difícil – às vezes impossível – que as pessoas reconheçam um interesse mútuo na cooperação.
- **Como projetar objetivos valiosos.** Os objetivos valiosos ajudam as organizações a aumentar a reciprocidade. Eles são compostos de três elementos: objetivos coletivos de resultados, objetivos

individuais de entrada e objetivos sobrepostos. Juntos, esses elementos tornam as interdependências mais visíveis às pessoas, para que elas reconheçam a necessidade de reciprocidade.

- **Como mudar o contexto para reforçar os objetivos valiosos.** Existem três medidas que as empresas podem tomar para reforçar os objetivos valiosos: eliminar os monopólios internos, remover recursos que estimulam a autossuficiência disfuncional e criar múltiplas redes de interação (o que chamamos de multiplexidade). Esses passos intensificam as interdependências na organização e, assim, as pessoas são compelidas a levá-las em conta, ou seja, a cooperar.

Para ilustrar esses pontos, vamos contar a caso de uma empresa de bens industriais, que chamamos de Industronal, a qual sofria intensa pressão da concorrência para melhorar a qualidade de seus produtos. Vamos descrever como os objetivos valiosos ajudaram a função de compras da empresa a lidar com a necessidade de reduzir os custos de compra em 20%, sem comprometer a qualidade e a pontualidade na entrega de suprimentos para os usuários finais internos.

TRÊS MITOS SOBRE AS FUNÇÕES E OS OBJETIVOS

Antes de mergulhar na história da Industronal, vamos abordar três mitos sobre como definir as funções e os objetivos dos funcionários, que têm suas origens nas chamadas melhores práticas da abordagem *hard* de gestão. Como veremos, esses conceitos errôneos não aumentam a reciprocidade; pelo contrário, eles a destroem.

- *Quanto mais claro, melhor.* O primeiro mito é que as funções e os objetivos de um indivíduo devem ser o mais detalhados e bem definidos possível. Embora certamente não defendamos a confusão nas definições de função e responsabilidade, acreditamos que um certo grau de incerteza pode ser algo bom. Lembre-se da corrida de revezamento. Temos que admitir que é necessário definir claramente a ordem dos quatro velocistas e as funções especializadas do, digamos, como primeira velocista, que precisa saber como sair dos bloqueios rapidamente. Mas alguns aspectos das funções dos corredores não podem e não devem ser definidos com precisão em algumas áreas nebulosas importantes. Por exemplo, a que distância exata deve-se passar o bastão para o próximo velocista – noventa e seis metros? Ou noventa e sete? Ao definir as funções com demasiada clareza, isso muitas vezes produz um efeito contrário ao desejado, pois permite que as pessoas não reconheçam suas interdependências. Em vez disso, elas simplesmente aderem à especificação ("Eu passei o bastão a noventa e seis metros, como você disse") e se sentem livres dessa responsabilidade, em vez de trabalhar com os outros para encontrar maneiras de produzir o resultado desejado (uma passagem fluida e rápida do bastão) em determinada situação. (Veja o quadro "Cuidado com o excesso de clareza".)

- *A cooperação dilui a responsabilidade pessoal.* O segundo mito é que a responsabilidade está sempre e exclusivamente atrelada ao indivíduo. "Se todos são responsáveis, ninguém é responsável." Mas, como veremos, a interdependência torna impossível analisar a responsabilidade de tal forma que a "quantidade" correspondente a cada pessoa esteja perfeitamente definida. Também é possível designar mais de uma pessoa como responsável pela mesma tarefa. Na corrida de revezamento, por exemplo, as duas velocistas sabem que ambas têm responsabilidades durante mais ou menos vinte metros, período no qual a transferência do bastão deve ocorrer. Se o bastão cair nesse intervalo da passagem entre as duas corredoras, a culpa será de ambas.
- *A interdependência destrói a responsabilização pessoal.* Muitas vezes ouvimos gerentes dizerem coisas do tipo: "Por que eu deveria ser responsabilizado por resultados que dependem do desempenho dos outros?" O terceiro mito diz que só podemos ser responsáveis pelo nosso trabalho se formos a única autoridade

sobre ele e se controlarmos todos os recursos necessários para a realização da tarefa. Mas é possível que uma pessoa seja responsável mesmo sem ter o controle exclusivo sobre os recursos necessários para realizar o trabalho, contanto que os outros que controlam parcialmente esses recursos cooperem.

Ferramentas para as regras simples

CUIDADO COM O EXCESSO DE CLAREZA

» Resista à pressão de esclarecer funções, direitos de decisão e processos. Tente manter uma imprecisão apropriada e as sobreposições entre as funções.

» Quando ultrapassa certo limite, a clareza só incentiva o cumprimento mecanicista e comportamentos de *checklist*, em oposição ao envolvimento e à iniciativa de fazer as coisas funcionarem.

Como esses mitos se revelam em situações reais de trabalho? Sem dúvida, você já ouviu os funcionários dizerem, "Chefe, por favor me diga exatamente onde minha responsabilidade começa e termina neste processo. A ambiguidade está nos matando. Ninguém sabe em que ponto seu trabalho termina e o de outra pessoa começa". Quando alguém pede um esclarecimento nesse sentido, geralmente está tentando evitar a necessidade de cooperar. Se você responder a esse pedido com total clareza sobre onde a responsabilidade começa e termina, outra questão certamente seguirá: "Bem, neste caso, já que serei responsabilizado, preciso de algumas coisas: equipamentos, equipe, orçamento e direitos de decisão que correspondam claramente ao âmbito da minha responsabilidade". Se você concordar, e mesmo se for cuidadoso para não dar recursos demais, descobrirá que conseguiu fazer um "milagre". Todas as dependências desaparecerão, bem como a necessidade de cooperação; agora, a pessoa que pediu o esclarecimento é totalmente autossuficiente. O indivíduo que é claramente responsável – graças a essa lista objetiva de responsabilidades – não depende dos outros e pode escapar da servidão da cooperação. Cada um é capaz cuidar de seu próprio jardim, sem depender dos outros. Mas a que custo para a empresa como um todo? A autossuficiência pode ser confortável, mas esse tipo de conforto é um péssimo indicador de sucesso organizacional. (Veja o quadro "A diferença entre a autonomia e a autossuficiência".)

Tenha em mente

A DIFERENÇA ENTRE A AUTONOMIA E A AUTOSSUFICIÊNCIA

» A autonomia diz respeito à mobilização total das nossas inteligência e energia para influenciar os resultados, incluindo aqueles que não controlamos completamente.

» A autossuficiência limita nossos esforços apenas aos resultados que controlamos completamente, sem depender dos outros.

» A autonomia é essencial para lidar com a complexidade; a autossuficiência é um obstáculo, porque impede a cooperação necessária para tornar a autonomia eficaz.

INDUSTRONAL: O DESAFIO DE REDUZIR OS CUSTOS MANTENDO A QUALIDADE

A fim de resolver seu problema de qualidade, a gestão da Industronal decidiu aumentar o investimento da empresa em pesquisa e desenvolvimento. No entanto, isso significava reduzir os custos em outros departamentos, disponibilizando os fundos necessários para o investimento. A contribuição do departamento de compras para esse esforço, como definido pela alta gestão, era reduzir os custos totais de compras em 20%, sem prejudicar a qualidade dos materiais ou o prazo de entrega.

A organização de compras consistia em duas funções muito diferentes: os "estrategistas de categoria" e as "unidades de compra". O papel do estrategista de categoria era desenvolver uma meio de comprar produtos em uma categoria específica, como matérias-primas, equipamentos industriais, sistemas de TI ou mobiliário de escritório. A estratégia tinha de ser clara, com especificações detalhadas referentes a seleção de fornecedores, negociação e acordos legais. Uma vez definida a estratégia, os estrategistas de categoria criavam diretrizes e desenvolviam ferramentas que seriam usadas pelas unidades de compra. Essas unidades eram organizadas por região e cuidavam dos pedidos de recursos em todas as categorias que recebiam de seus clientes internos. Os gerentes das unidades de compra deveriam seguir as diretrizes da categoria e implantar as ferramentas para determinar o processamento dos pedidos.

Dois pontos de vistas da função de compras

Os estrategistas de categoria se esforçavam para criar formas inovadoras de reduzir os custos. Mas eles argumentavam que as unidades de compra não conseguiam implementar suas estratégias corretamente. As unidades de compra, por sua vez, queixavam-se de que as estratégias não eram práticas, que as diretrizes e as orientações eram difíceis de usar e que levava muito tempo para serem aplicadas. "Os estrategistas de categoria são apenas um bando de tecnocratas", diziam as unidades de compra. "Eles só se importam com suas estratégias, suas diretrizes e suas ferramentas. Eles não parecem se importar com o que realmente precisamos para realizar nosso trabalho."

Nós observamos que os clientes internos do departamento de compras da Industronal muitas vezes simplesmente ignoravam os compradores, negociando diretamente com os fornecedores de sua escolha. Eles geralmente compravam quantidades menores do que o departamento de compras estabelecia e não costumavam pechinchar os preços e as condições, mas conseguiam o que queriam, quando queriam. Para eles, o departamento de compras se tornara uma restrição e os fornecedores eram o recurso. Essas negociações diretas solaparam as relações que as unidades de compra tinham com os fornecedores e tornaram impossível alcançar a meta de redução de custo.

ESTABELECENDO OBJETIVOS VALIOSOS: ESTRUTURANDO AS FUNÇÕES PARA ALCANÇAR RESULTADOS GERAIS

Assim que nos envolvemos com a Industronal, percebemos que uma parte importante da solução para o problema era desenvolver objetivos valiosos tanto para os estrategistas de categoria quanto para as unidades de compra. Quando as funções são definidas por objetivos valiosos, as pessoas na linha de frente da organização podem fazer melhor as escolhas que surgem quando lidamos com vários requisitos de desempenho. Com os objetivos valiosos, há uma menor necessidade de colocar em vigor procedimentos para arbitrar os conflitos entre os requisitos (ou os grupos responsáveis por eles), tornando as decisões são menos propensas a se espalhar na organização. (Veja o quadro "Objetivos valiosos".)

Tenha em mente
OBJETIVOS VALIOSOS

Os objetivos valiosos estimulam o interesse mútuo em cooperar, ao fazer com que o sucesso de cada um dependa do sucesso dos outros. Eles possuem três componentes:

» *Os objetivos conjuntos de resultado* definem o valor final que a organização quer produzir e dependem das interações entre vários indivíduos e unidades de trabalho.
» *Os objetivos individuais de entrada* definem a contribuição dada pelos indivíduos para o resultado conjunto e não dependem de interações com outras pessoas ou grupos de trabalho.
» *Os objetivos sobrepostos* definem o que uma pessoa faz, em sua função e área, e aumentam a eficácia dos outros nas próprias funções e áreas.

Objetivos coletivos de resultado

Os objetivos coletivos de resultado são aqueles que dependem do envolvimento de vários indivíduos e unidades. Esses objetivos definem o valor final que os grupos envolvidos desejam produzir, conforme definido pelos clientes externos, internos ou por outras partes interessadas. Essa saída é mensurável. Para os velocistas numa corrida de revezamento, por exemplo, o objetivo coletivo de resultado é ganhar a corrida. Para vencer é preciso lidar com a complexidade de dois requisitos contraditórios: velocidade e confiabilidade (em passar o bastão).

Em um nível mais alto, os objetivos de resultado podem ser rendimentos, retornos sobre investimentos, preços das ações (como no caso da InterLodge), tempo de colocação no mercado (como na MobiliTele) ou participação de mercado (como na GrandeMart). Em um nível mais granular, os objetivos de resultado podem envolver: capital de giro, margem bruta, custo dos produtos vendidos, rentabilidade por produto ou vendas de novos produtos. Na Industronal, os objetivos coletivos de saída definidos para os estrategistas de categoria e as unidades de compras eram reduzir 20% o custo total de compras e satisfazer as necessidades dos clientes internos.

Objetivos individuais de entrada

O segundo componente dos objetivos valiosos é uma contribuição ou uma entrada para o resultado coletivo que certa unidade individual pode fazer sem o envolvimento significativo de outros indivíduos ou unidades. Alguns aspectos de um objetivo de entrada são mensuráveis, como a eficiência com que um indivíduo pode aprender uma habilidade e sua eficiência na aplicação dessa habilidade.

É preciso iniciativa para que os indivíduos agreguem valor a um esforço coletivo. Eles precisam interpretar os procedimentos formais e descobrir como agir conforme as diretrizes sem seguir as regras ao pé da letra. Precisam levar em conta as especificidades de cada situação, e não apenas seguir mecanicamente a lista de etapas ou atividades processuais. Há sempre uma distância – uma lacuna – entre as situações reais e o que é definido pelos procedimentos. A diferença só pode ser superada por pessoas que usam seu julgamento para melhor aplicar os procedimentos. É preenchendo essa lacuna que as pessoas agregam valor. Quanto maior a complexidade de vários requisitos de desempenho contraditórios, maior é a distância entre as situações reais e aquilo que as regras direcionam.

Os esforços individuais são essenciais para preencher a lacuna entre o design das funções e as responsabilidades, tal como definido no papel, e as situações reais em que as tarefas devem ser executadas. Na corrida de revezamento, alguns objetivos de entrada são exclusivos a um velocista específico – por exemplo, aquele que começa a corrida precisa saber como sair dos bloqueios rapidamente. Outros objetivos de entrada são comuns a todos os velocistas. Por exemplo, cada um tem de treinar para percorrer sua parte da corrida o mais rápido possível.

Na Industronal, o objetivo de entrada definido para os estrategistas de categoria era desenvolver estratégias de compra inovadoras. Para os gerentes das unidades de compras, o objetivo de entrada era desenvolver as habilidades dos membros de sua equipe de compras. Ambas as contribuições podem ser, até certo ponto, avaliadas objetivamente: existem alavancas padronizadas de otimização para estratégias de logística que podem ser usadas na avaliação da capacidade de inovação; também é possível avaliar o domínio de novas habilidades. (Veja o quadro "Definindo os objetivos de entrada".)

Objetivos sobrepostos

Os objetivos sobrepostos são contribuições que fazem diferença positiva somente no desempenho dos outros. É uma forma de realizar as tarefas que aumenta a contribuição dos outros para o resultado. O objetivo sobreposto de um velocista é transferir o bastão da forma mais eficaz para o próximo velocista. Para esse velocista, o objetivo sobreposto é receber o bastão da maneira mais eficaz para o velocista anterior.

Na Industronal, o objetivo sobreposto definido para os estrategistas de categoria era assegurar que as diretrizes e ferramentas que eles desenvolvessem para as unidades de compras fossem práticas e fáceis de aplicar. Se a área cinzenta fosse avaliada de forma inteligente, eles poderiam aumentar a contribuição dos compradores para o resultado global. Para os compradores, o objetivo sobreposto era levar em conta as estratégias de categoria ao processar e executar as ordens de compra. Fazendo isso, eles poderiam fornecer aos estrategistas de categoria oportunidades de ir mais longe no desenvolvimento de estratégias inovadoras, em vez de modificar constantemente as mesmas estratégias porque elas não tinham sido aplicadas.

Ferramentas para as regras simples

DEFINIÇÃO DOS OBJETIVOS DE ENTRADA

Na definição dos objetivos de entrada, certifique-se de que o escopo das funções seja valioso para o indivíduo, bem como para a organização. Isso cria um forte contrato social entre a empresa e seus funcionários. Para conseguir isso, faça duas perguntas:

1 *Será que essa função e seus objetivos criam um efeito de aprendizagem significativo?* Será que a execução eficaz da função traz melhorias de produtividade cujos benefícios podem ser compartilhados entre a empresa e seus funcionários? Será que a função envolve capacidades individuais que os indivíduos podem desenvolver à medida que ganham experiência na função?

2 *O efeito de aprendizagem é sustentável ao longo do tempo?* A função se tornará obsoleta rapidamente ou permanecerá relevante com os progressos tecnológicos e com as mudanças nas tendências de mercado? Os objetivos de entrada são sustentáveis quando eles levam a uma melhoria e a um aprendizado contínuo. Ao tornar a aprendizagem um investimento valioso para os indivíduos – além do valor para seu trabalho atual – você oferece uma razão para que as pessoas se empenhem mais em suas funções atuais.

Ao estabelecer objetivos sobrepostos, lembre-se de que o sucesso nesses objetivos é essencial para o desempenho (de fato, é o principal fator de sucesso, por exemplo, com velocistas individuais muito fortes). Mas o sucesso – ou fracasso – inerentemente terá lugar fora das telas do radar dos critérios objetivos e mensuráveis. A transferência do bastão é um ponto cego das métricas: isso acontece em uma área cinzenta em que as contribuições individuais não podem ser medidas. Se o bastão cair ou se os corredores reduzirem a velocidade durante a transferência, quem causou a falha: o velocista que passou o bastão ou o que recebeu? Nenhuma métrica fornecerá a resposta. Na Industronal, o fracasso em alcançar a redução de custo desejada de uma determinada transação foi causado pela inadequação da estratégia ou da execução? Da mesma forma, considere em que medida os estrategistas de categoria prestam atenção na aplicabilidade prática das diretrizes e ferramentas que desenvolvem para as unidades de compras. Não existem critérios objetivos e mensuráveis nessas áreas cinzentas. Somente quando os compradores tentam usar uma diretriz ou ferramenta é que eles percebem se ela é prática ou não. Quando usam bem uma ferramenta, porque ela é muito prática, isso ocorre graças aos esforços dos estrategistas de categoria ou à diligência dos compradores? A mensuração não pode liberar as contribuições dos objetivos de sobreposição.[1] O que é medido é feito. Mas se usarmos apenas a medição para premiar o desempenho, o que é feito será à custa daquilo que não pode ser medido: a cooperação. Recebemos uma série de métricas precisas, que mostram que cada silo está trabalhando bem, quando na verdade o desempenho global da empresa pode ser desastroso.

TRÊS MECANISMOS DE REFORÇO

Ao definir estes objetivos valiosos, nós tornamos visível a complexidade global dos requisitos de desempenho (qualidade, quantidade, entrega no prazo e redução de custos) e os incorporamos às funções e aos objetivos de todos os funcionários. A complexidade foi levada para a linha de frente.

A definição dos objetivos valiosos é uma forma importante de aumentar a reciprocidade em uma organização. Mas, no final, esses objetivos são apenas uma expressão de intenções. Como criar um contexto de trabalho de tal forma que os indivíduos realmente se comportem de acordo com esses objetivos? Existem três mecanismos de reforço que os gerentes podem usar para aumentar as chances de que as pessoas se comportem de acordo com os objetivos valiosos: eliminando monopólios internos, reduzindo alguns recursos e criando redes adequadas para as interações. Concluímos nossa discussão sobre o aumento da reciprocidade ao considerar o papel positivo dessas ações.

Elimine os monopólios internos

Os monopólios assumem várias formas. Eles podem ser governos, empresas, departamentos ou indivíduos. Podem ser unidades superiores na cadeia produtiva, que afetam o que pode ser feito por unidades inferiores ou por funções especializadas, como o departamento jurídico.

Não há como evitar os monopólios dentro das organizações. As demais unidades não têm alternativa senão trabalhar com eles. Assim, todos que dependem da cooperação dos monopólios ficam de mãos atadas. E como algumas unidades dependem totalmente dos monopólios, suas necessidades e limitações nunca são levadas em conta. Já que têm controle total sobre os próprios recursos, os monopólios conseguem contornar suas limitações.

É por isso que os monopólios, independentemente do tipo, tornam-se burocráticos. Eles enfatizam a importância de regras e eles próprios criam muitas. As regras dão legitimidade às restrições internas às quais os monopólios forçam os outros a se ajustarem.[2]

Um monopólio interno pode, no entanto, ser rompido ao se tornar contestável ou ao surgir um substituto parcial para ele. Por torná-lo contestável queremos dizer que nenhuma função, em virtude de seus direitos de decisão organizacionais, deve ser isenta de questionamento por outros em relação a tópicos como orçamento, investimento ou mesmo decisões sobre carreira de seus funcionários. Quando os monopólios são imunes ao questionamento sobre esse tipo de decisão, eles começam a apresentar comportamentos de silo.

Os monopólios internos invocam a expressão "a pessoa certa no lugar certo" para evitar questionamentos. Se uma pessoa de fora questiona resultados, ações ou decisões de um membro do monopólio, isso é interpretado como um ataque pessoal e uma ameaça à eficiência. Os monopólios, sejam eles indivíduos ou unidades, normalmente reagem a esses ataques alegando a posse de conhecimento ou uma formação especial que o desafiante não possui e não pode entender (os engenheiros de transceptores na MobiliTele costumavam afirmar que as outras unidades jamais poderiam entender a evolução complexa do padrões internacionais de tecnologia de transceptores). Mas, mesmo se os membros de uma função detiverem um conhecimento relativamente raro na organização, isso não deve excluir os outros de ter uma voz ativa no assunto, seja ele qual for.

Na empresa de bens de consumo L'Oréal, por exemplo, durante um período de crescimento orgânico extremamente rápido, todas as decisões relacionadas ao desenvolvimento e ao lançamento de novos produtos eram tomadas por uma equipe cujos membros representavam P&D, fabricação, vendas e comunicações. Na época, não havia nenhuma função dedicada ao marketing. A diretoria havia decidido que nenhuma função poderia ou deveria ter monopólio sobre o conhecimento do cliente, da visão do cliente e das decisões relacionadas ao cliente; nenhuma função teria permissão exclusiva de falar pelo cliente. As decisões sobre quais produtos seriam desenvolvidos e sobre como e quando lançá-los eram tomadas por meio de um confronto de ideias trazidas e apoiadas pelos participantes de diferentes funções. Essas decisões eram tomadas na chamada de "sala do confronto". Nessa sala, tudo e todos poderiam ser contestados, o que é uma forma eficiente e eficaz de conduzir o processo decisório e de obter melhores decisões.

Além de tornar todos do grupo contestáveis, isso também pode quebrar o monopólio, tornando-o parcialmente substituível. Para isso, você deve verificar se existe alguma forma de substituição disponível que forneça uma alternativa ao monopólio e, portanto, que mantenha os membros do monopólio alertas. Os substitutos podem estar disponíveis em outras funções internas ou em uma fonte externa.

Eliminando um monopólio interno em uma fabrica de robôs. Um fabricante de robôs tinha um problema. A empresa estava sempre atrasada no lançamento das inovações, uma das últimas entre suas concorrentes para integrar novas tecnologias em seus produtos. Além do mais, os custos estavam fora de sintonia com os padrões do setor. A gestão explicava a questão como um problema de psicologia: "Nossa empresa não é inovadora o suficiente porque os nossos engenheiros de pesquisa e desenvolvimento não são criativos o suficiente". A solução era exigir que os engenheiros participassem de oficinas de criatividade. A iniciativa só piorou as coisas.

Quando analisamos o contexto de trabalho, percebemos que o verdadeiro objetivo das unidades de hardware e software era serem reconhecidas como criadoras da inovação. Afinal de contas, a unidade responsável muitas vezes ganha um orçamento maior e mais autonomia quando isso acontece. Quando as equipes de hardware e software cooperavam, no entanto, era difícil para o diretor de P&D determinar qual unidade tinha sido realmente responsável pela inovação. O comportamento de cada unidade, portanto, era trabalhar isoladamente tanto quanto possível, para garantir que a origem da inovação pudesse ser identificada de forma inequívoca: "Nós geralmente somos o verdadeiro criador da inovação, mas a gerência não vai conseguir saber disso se as equipes de hardware e software trabalharem juntas logo no início do processo".

A oficina de criatividade apenas fez com que cada unidade trabalhasse isoladamente por mais tempo (e, se possível, de forma mais criativa). Devido a essa tendência, não era de se estranhar que quando hardware e software eram finalmente reunidos, nove em cada dez vezes eles eram incompatíveis. Numerosas modificações eram necessárias para fazer com que o produto funcionasse, impactando ainda mais os custos e os atrasos.

O aumento da criatividade é uma grande alavanca, mas, como em qualquer intervenção, você primeiramente deve entender por que as pessoas fazem o que fazem. O que importa não é a alavanca, mas como ela vai moldar o contexto de trabalho, seu impacto sobre metas, recursos e restrições. Um recurso importante das unidades de hardware e software da empresa de robótica era que elas eram monopólios internos e, portanto, podiam fazer com que o resto da organização arcasse com as consequências de sua falta de cooperação. E elas então se tornaram monopólios de criatividade, com grandes custos para a organização.

Para criar um substituto para essas unidades, recomendamos que o departamento de marketing começasse a formar alianças com centros de pesquisa externos. Ao dar ao marketing a opção de escolher as pessoas com quem eles poderiam trabalhar (permitindo, então, que controlassem parte de P&D), a empresa foi capaz de garantir uma melhor cooperação entre as unidades internas de P&D. Uma pequena abertura da organização a fontes externas de conhecimento e experiência foi o suficiente e muito mais eficaz do que forçar o uso de *scorecards*, KPIs, controles e incentivos. Em dois anos, a empresa superou seus melhores concorrentes em termos de velocidade de lançamento de inovações, e com um custo compatível.

Reduza alguns recursos

O segundo mecanismo para reforçar os objetivos valiosos e aumentar a reciprocidade é reduzir os recursos. Para isso, você primeiro tem de melhorar a cooperação, o que libera recursos que podem ser cortados. Isso é verdade, mas você também pode fazer o contrário: reduzir os recursos para impulsionar a cooperação. Em casa, você terá muito mais chances de criar cooperação ao remover as TVs extras do que exigindo que todos leiam sobre a teoria dos jogos.

Na Industronal, a equipe de gestão decidiu cortar o orçamento de compra dos clientes internos e, ao mesmo tempo, estabelecer objetivos valiosos para as duas unidades da área de compras. Com menos recursos disponíveis, os clientes internos não tiveram escolha senão cooperar com as unidades de compras. Dessa forma, a compra deixou de ser uma restrição e se tornou um recurso para os usuários internos.

Quando os recursos são abundantes, cada pessoa ou grupo pode agir sozinho. Esses recursos não são usados para criar valor, mas para permitir a autossuficiência disfuncional e, muitas vezes, criar monopólios. A abundância de recursos basicamente remove a interdependência e a necessidade de cooperação. Uma unidade pode usar recursos excedentes para produzir um escudo que garanta que ela não seja afetada pelo que acontece em outras funções. Uma abundância de estoque, por exemplo, reduzirá a necessidade de cooperação entre os setores de logística e de fabricação. O problema dos recursos extras, em muitos casos, não é seu custo, mas o fato de permitir que as pessoas evitem a verdadeira cooperação.

Quando os recursos são limitados, as pessoas precisam compartilhar. Elas se tornam mais interdependentes, mais afetadas pelo que acontece com os outros, e, portanto, mais propensas a considerar o efeito que exercem sobre os outros. Colocar outras pessoas em uma situação ruim pode ser um tiro pela culatra, porque tendemos a ser mutua mente afetados. O ciclo de feedback é baseado na interação entre o que acontece com cada um. Você pode, então, evitar a burocracia de contratos internos, acordos de nível de serviço e assim por diante.

Um dos recursos mais importantes em qualquer organização é o tempo. Se as pessoas têm o tempo necessário, segundo seus próprios procedimentos, elas não precisam considerar a situação e as necessidades dos outros. Na MobiliTele, fabricante de sistemas de telecomunicações, os atrasos – um consumo excessivo do tempo com um recurso – criaram bolhas dentro das quais cada uma das unidades de engenharia poderiam trabalhar de forma independente uma das outras.

O inverso também é verdadeiro: se as pessoas não têm tempo suficiente para concluir suas tarefas de acordo com os próprios recursos, eles perdem o conforto de ter de cuidar apenas de seus próprios problemas. É por isso que as organizações, quando confrontadas com a urgência de uma crise, experimentam um nível muito mais elevado de cooperação do que o normal.

Em uma crise, as pessoas têm consciência da necessidade de reciprocidade. Todos são afetados. Se eu não ajudá-lo, vamos cair juntos.

A meta de reduzir recursos visa melhorar as capacidades, e não cortar custos. Há uma grande diferença entre redução de recursos com o propósito explícito de aumentar a reciprocidade e redução de recursos simplesmente para corte de custos. A primeira leva em conta a dinâmica complexa que envolve a cooperação. A segunda normalmente não faz isso.

Uma organização sempre precisa consumir mais recursos para compensar uma cooperação deficiente: tempo (atrasos), equipamentos, sistemas, equipes, capital de giro na forma de ações (quando a logística e a fabricação não cooperam), e assim por diante. Então, quem paga o custo desse consumo excessivo de recursos? No complexo ambiente de negócios atual, os clientes e os acionistas têm mais opções. Eles irão, eventualmente, recusar-se a arcar com os custos dos recursos extras. Quem acabará arcando com isso? Os colaboradores da organização, que terão de aumentar cada vez mais seus esforços individuais. Mas trabalhar mais (e, às vezes, por mais tempo) jamais compensa totalmente a falta de cooperação. Geralmente o único resultado é o aumento do desengajamento ou o esgotamento.[3]

Quando um corte de custos é feito sem que sejam compreendidas as oportunidades para um desempenho superior, por meio da cooperação, a organização pode melhorar a produtividade de curto prazo, mas à custa da redução de suas capacidades. Às vezes, essas capacidades se tornam tão degradadas que resultam em produtos defeituosos, erros, problemas de segurança e oportunidades estratégicas perdidas. Em contrapartida, quando uma organização corta recursos como parte de um plano para impulsionar a cooperação entre as pessoas, o resultado é o desenvolvimento de uma capacidade superior do grupo. Não só custos caem; a inovação e a qualidade do produto também melhoram.

A falta de cooperação não só tem efeito negativo sobre a capacidade da companhia de satisfazer vários requisitos de desempenho; ela também pode corroer os ganhos de produtividade que a empresa poderia ter obtido por outros meios, como inovações tecnológicas, escala e efeito da experiência. O uso de tecnologias de informação e comunicação (TICs), em conjunto com métodos modernos de gestão, pode produzir algo que se parece com um ganho de produtividade, na forma de períodos de espera reduzidos ou menos tempo ocioso. Ou seja, há mais minutos de trabalho realizado por hora de presença do colaborador no local de trabalho. Mas, sem a cooperação, o valor produzido nesses minutos extras realmente diminui, por causa da proliferação de atividades que não agregam valor (retrabalho, modificações, relatórios, controle, e assim por diante). Sem as condições para obter a cooperação, as TICs não apenas não atingem seu pleno potencial, como também podem ser usadas para evitar a verdadeira cooperação – considere os e-mails em cópia para várias pessoas e as solicitações de reunião enviadas para dez ou mais convidados para uma chamada de teleconferência. Isso é uma verdadeira cooperação ou uma maneira de nos proteger?

Multiplexidade: crie redes de interação

A terceira maneira de reforçar os objetivos valiosos que aumentam a reciprocidade é garantir que as pessoas pertençam a várias redes complementares de interações. Isso é o que chamamos de "multiplexidade". Além de projetar objetivos valiosos para a unidade de compras e remover alguns recursos dos orçamentos de compra da organização de linha, a gestão da Industronal também criou três redes de interação, a fim de colocar as pessoas em situações nas quais se sentiam compelidas a confrontar seus múltiplos requisitos de desempenho. Isso foi particularmente importante para garantir uma contribuição eficaz na zona cinzenta, em que nenhum critério objetivo mensurável ou incentivos poderiam ser usados. Em todo caso, dada a situação financeira da empresa, ela não poderia contar com incentivos, independentemente de os objetivos serem ou não mensuráveis.

A primeira rede era composta por estrategistas de categoria, gestores das unidades de compras e seus clientes internos. A cada duas semanas, esses três grupos se reuniam para analisar o progresso na colocação de pedidos. Os clientes internos podiam expressar suas preocupações: "Quando meus suprimentos chegarão? Será que o meu pedido estará de acordo com as especificações ou eu terei uma surpresa quando ele chegar?" Se os clientes internos acreditassem que havia um problema com a estratégia de categoria, eles poderiam se queixar aos estrategistas. Para eles pouco interessava o quanto a estratégia de categoria era inovadora. Se não o ajudasse a entregar as mercadorias de acordo com as especificações exigidas em termos de qualidade, quantidade e tempo de entrega, não haveria valor algum para ele.

A segunda rede de interações consistia totalmente dos estrategistas de categoria, e assumiu a forma do que costumava ser chamado de "comunidade prática".[4] Eles se reuniam periodicamente e cada líder de categoria apresentava sua estratégia de compras mais recente para o resto do grupo. Ao contrário da avaliação de progresso com os clientes internos, que não se importavam muito com a inovação, o grau de inovação da estratégia era muito considerado nessas reuniões. Os estrategistas ficavam ansiosos para ouvir e avaliar seus pares sobre o grau de percepção e criatividade na estratégia. Como essa rede explorava (ou ignorava) alavancas específicas de otimização de logística, como agregação, gestão de fornecedores, gestão de demanda, padronização de pedidos e oportunidades suprimento interno? Como descreveu um participante, "é como um TED Talk para estrategistas de categoria". Se o desempenho do estrategista fosse baixo, ele perderia prestígio e reputação.

A terceira rede era outra comunidade prática, dessa vez para os gerentes das unidades de compras. Eles se reuniam para comparar a produtividade de suas equipes e a velocidade em que estavam aprendendo novas habilidades.

Nas três redes, as pessoas envolvidas se concentravam nos mesmos pontos: pedidos de compra específicos, com a estratégia de categoria correspondente; diretrizes e ferramentas; metas de redução de custos; especificações dos pedidos; e prazos. Mas cada rede examinava os resultados de uma perspectiva diferente. Juntas, as três perspectivas capturavam todos os requisitos de desempenho, mesmo quando eram contraditórios. Isso não seria possível por meio das ordens conflitantes que vinham do topo, mas por meio de interações flexíveis. Nessas redes de interação, as pessoas eram expostas a riscos significativos, como sentir a ira de seus clientes internos frustrados ou sofrer a perda de reputação com seus pares. Em tais ciclos de feedback, o risco de perder o prestígio era muito alto.[5] Simetricamente, a satisfação de exibir um bom desempenho nessas redes de interação também era muito alta. Esse tipo de satisfação é em geral, muito raro em unidades de compras. Na melhor das hipóteses, quando as coisas vão bem, a compra é transparente para os outros – e as pessoas não se orgulham de ser transparentes.

Cada indivíduo – estrategista de categoria ou gerente de compras – fazia parte de mais de uma rede de interações. E cada rede tratava de um subconjunto de requisitos de desempenho e continha um ciclo de feedback. O fato de pertencer a várias redes – multiplexidade – impelia os indivíduos a contribuir em seu papel especializado para as várias áreas de desempenho: inovação, praticidade, produtividade do comprador e satisfação das necessidades dos clientes. Por estar na interseção das diversas redes de interação, o indivíduo eventualmente teria de satisfazer a união dos requisitos em jogo.

Devido aos objetivos valiosos e aos mecanismos de reforço, a organização de compras na Industronal conseguiu finalmente cumprir sua meta de redução de 20% dos custos. Ela também recebeu a mais alta classificação possível na satisfação de seus clientes internos.

A multiplexidade é uma forma de evitar as correções *hard* de procedimentos, *scorecards* e mecanismos de controle, incluindo toda documentação e monitoramento que são necessários. Os ciclos de feedback nas redes impelem as pessoas a aplicar plenamente sua inteligência e conhecimento, ao mesmo tempo em que se beneficiam da cooperação dos outros.

MAIS RESPONSABILIDADE, MENOS COMPLICAÇÃO

O aumento da reciprocidade toca na questão da responsabilidade, que se torna cada vez mais importante, já que a necessidade de satisfazer vários requisitos de desempenho coloca as organizações em situações nas quais elas precisam alcançar tanto a diferenciação (ou seja, a especialização para uma maior qualificação ou a capacidade de resposta local) quanto uma maior integração (uma eficiência interfuncional completa e flexível). Isso pode ser feito enquadrando-se os objetivos valiosos e, em seguida, incorporando-se ciclos de feedback, que mantêm os benefícios da especialização enquanto garantem uma interação sinérgica. O efeito é que as capacidades ficam mais distribuídas por toda a organização. É muito parecido com o cérebro, em que as funções como a linguagem não emergem de uma área física, mas das interações entre muitas áreas diferentes.

A regra simples 4 também ajuda os gerentes a resistir à intensa pressão para que esclareçam as responsabilidades e as situações, uma pressão que tende a ser contraproducente. Esta regra simples ajuda os gerentes a compreender – a partir de um ponto de vista organizacional e de desempenho – em que ponto a clareza é necessária e agrega valor e onde é supérflua ou até mesmo prejudicial para o desempenho.

Também existe um efeito direto sobre a complicação. Ao definir objetivos sobrepostos, você pode evitar a criação de intermediários. Na corrida de revezamento, não existem velocistas coordenadores, cujo papel é tomar o bastão de um velocista e passá-lo para o próximo. Os ciclos de feedback criados pela eliminação de monopólios internos, pela remoção de alguns recursos e pela criação da multiplexidade permitem que você evite a necessidade de inúmeros *scorecards*, métricas de conformidade e incentivos. Esses ciclos de feedback possibilitam um controle descentralizado, uma vez que se baseiam na interação entre as pessoas, em que cada uma, em parte, controla o comportamento das outras. O controle se torna distribuído e flexível, em vez de ser de cima para baixo e rígido, o que permite que a organização seja mais adaptável a novas condições.

RESUMO DA REGRA SIMPLES 4

Em face da complexidade dos negócios, o trabalho é cada vez mais interdependente. Para atender a múltiplos requisitos de desempenho, muitas vezes contraditórios entre si, as pessoas precisam confiar mais umas nas outras. Elas precisam cooperar diretamente, em vez de depender de interfaces dedicadas, estruturas de coordenação ou procedimentos que só aumentam a complicação. A reciprocidade é o reconhecimento, por parte das pessoas ou das unidades de uma organização, de que todos têm interesses mútuos na cooperação e de que o sucesso de uma depende do sucesso das outras. Para criar a reciprocidade é preciso definir os objetivos valiosos e reforçá-los por meio da eliminação de monopólios, da redução de recursos e da criação de novas redes de interação.

CAPÍTULO 5

Regra simples 5: Alongue a sombra do futuro

Neste capítulo, descreveremos uma regra que cria ciclos de feedback de maneira muito especial e poderosa ao explorar o efeito do tempo. O que a teoria dos jogos chama de "sombra do futuro" é o que acontece amanhã como resultado do que fazemos hoje. Ao alongar a sombra do futuro, nós tornamos um horizonte um tanto longínquo – o ponto em que nosso comportamento atual finalmente revela as suas consequências – muito mais importante e evidente para nós. Para alongar a sombra do futuro, você precisa criar ciclos de feedback que fazem as pessoas sentirem mais cedo, com maior frequência e por longos períodos de tempo as consequências de como elas lidam com múltiplos requisitos de desempenho.

Neste capítulo, você aprenderá:

- **Como reconhecer as armadilhas do alinhamento estratégico.** Uma das principais razões que mantêm as pessoas desconectadas das consequências de suas ações é a adesão da organização à ideia de alinhamento estratégico. O alinhamento estratégico é uma forma sofisticada e extremamente popular de abordagem *hard.* Como se pode imaginar, no entanto, a prática padrão do alinhamento estratégico só contribui para a complicação organizacional, impedindo a cooperação e tendo um efeito deletério sobre o desempenho global.

- **Como usar os ciclos de feedback, com base no tempo, para criar um contexto de trabalho mais eficaz.** Vamos apresentar quatro maneiras diferentes para alongar a sombra do futuro: reduzir o ciclo de feedback pelo aumento da frequência de interações, levar o ponto final para a frente, interligar os futuros, e fazer as pessoas se colocarem no lugar do outro. Essa regra simples recebeu a maior influência da teoria dos jogos e do pensamento de Axelrod sobre evolução da cooperação. No entanto, nosso trabalho de análise organizacional e nossa experiência com equipes de executivos algumas vezes nos levou a recomendações que aparentemente contradizem Axelrod. Mas, como você verá, em um nível mais profundo, não existe contradição alguma.

Vamos ilustrar os perigos do alinhamento estratégico e os benefícios de alongar a sombra do futuro com o uso de vários estudos de caso. Daremos ênfase ao caso da MotorFleet, uma indústria com muita dificuldade para incorporar um novo requisito de desempenho – a capacidade de conserto de seus veículos – aos vários requisitos já existentes (custo, qualidade, segurança, consumo de energia, tempo de colocação no mercado e assim por diante).

ALINHAMENTO ESTRATÉGICO: UMA ARMADILHA DE COMPLICAÇÃO

O que os gestores entendem por alinhamento estratégico? Se eles entendem que a organização deve ser projetada para apoiar e não para dificultar a execução da estratégia, então ela é simplesmente um truísmo, não é muito útil. Alguém acredita que estruturas, processos e sistemas não devem ajudar na execução da estratégia?

Na verdade, o que os gestores querem dizer quando usam esse termo geralmente é algo muito mais específico e elaborado do que um simples truísmo, e é aí que começa o problema. A prática padrão do alinhamento estratégico tem três grandes limitações:

- É preciso uma abordagem mecanicista que, quando confrontada com a realidade da complexidade dos negócios, transforma a organização no equivalente a uma "máquina estúpida".
- Ela restringe a organização a uma sequência linear de desenho organizacional, que só amarra as pessoas em nós.
- Ela cria organizações ruins, que só podem desenvolver estratégias ruins.

Uma máquina estúpida

Em sua forma mais rudimentar, o alinhamento estratégico é a aplicação mecanicista do mantra bem conhecido: "da estratégia à estrutura".[1]

Para entender o problema dessa abordagem, imagine que a organização seja uma máquina estúpida, que só executa uma rotina – cada vez que um novo requisito de desempenho é introduzido, a máquina adiciona uma nova função dedicada para lidar com ele: "A qualidade é um novo requisito. Vamos adicionar um departamento de qualidade à máquina organizacional".

Como vimos, o número de requisitos de desempenho cresceu cerca de seis vezes ao longo dos últimos 55 anos, o que significa que nossa máquina estúpida teria de adaptar cada nova função dedicada a todas as funções já existentes, de modo que a complicação se multiplicaria por, pelo menos, 36.[2] Isso está amargamente próximo ao aumento no índice de complicação (descrito na Introdução): 35 vezes. Em outras palavras, o mundo corporativo realmente evoluiu quase exatamente como nossa máquina organizacional imaginária: assintoticamente para a máxima estupidez mecanicista.

Uma sequência linear que cria nós

Muitas vezes, quando as empresas seguem o mantra "da estratégia para a estrutura", elas usam uma sequência linear. Elas começam com a estratégia, em seguida alinham as estruturas, depois alinham os processos dentro das estruturas e, então, alinham vários dos sistemas

(TI, monitoramento de desempenho, gestão de recursos humanos e assim por diante), para fazer com que os processos funcionem. Em cada etapa da sequência, no entanto, torna-se cada vez mais difícil abordar as questões certas ou fornecer respostas úteis.

Por exemplo, uma vez que você cria um *middle office* – algo entre o *back office*, que é dedicado à padronização, e o *front office*, dedicado à customização –, o próximo passo na sequência é alinhar os sistemas com a estrutura que você criou. Assim, você pede ao departamento de TI que projete sistemas de informação de gerenciamento para os gerentes do *middle office* e dá ao departamento de RH a tarefa de fornecer recrutamento, formação, incentivos e planos de carreira para todos os funcionários do *middle office*. As funções de TI e RH estão sob pressão para criar valor e se comportam como "parceiros de negócios", então fazem o que podem para cumprir as tarefas. Porém, eles não estão autorizados a fazer as perguntas mais importantes: "Por que precisamos de um *middle office*? Não podemos fazer com que o *back office* e o *front office* cooperem e conciliem as questões de padronização e customização?"

Em tais situações, o talento e a destreza dos gerentes de TI e de RH só serão aplicados para tornar a solução errada ainda mais sofisticada. A função de RH, por exemplo, está mais bem posicionada para ver como os complicados mecanismos causam sofrimento no trabalho e para ajudar a desenvolver soluções, mas é forçada a instigar abordagens antigas e obsoletas. Os gerentes de RH correm de um lado para o outro na tentativa de encontrar formas de melhorar o estilo de liderança do gerente do *middle office* (mas esse gerente pode ser engajado, uma vez que ele não tem poder na função, servindo apenas como uma interface?). O mesmo é verdadeiro para outras funções e sistemas. A sequência do alinhamento estratégico impede que as empresas explorem o potencial real das tecnologias de informação.[3]

Uma organização ruim desenvolve uma estratégia ruim

Sim, a organização deve estar a serviço da estratégia, mas também é verdade que a organização – devido ao desenho e à forma de trabalho – determina o próprio conteúdo das escolhas estratégicas, e não apenas sua execução. É por isso que a linha que separa a estratégia e a organização tornou-se mais imprecisa, especialmente porque a vantagem competitiva é determinada cada vez mais pela agilidade, flexibilidade e adaptabilidade. Na verdade, todos esses recursos estão enraizados na combinação entre autonomia e cooperação que descrevemos no início do livro.

O problema é que esse tipo de organização complicada, que resulta do alinhamento estratégico, sempre cria estratégias ruins.[4] Isso ocorre porque uma organização complicada invariavelmente possui uma visão fragmentada de seu ambiente competitivo. As informações obtidas sobre clientes, fornecedores, concorrentes e agências regulatórias ficam espalhadas entre todas as funções, linhas de negócios e regiões geográficas. A organização é incapaz de agregar e vincular essas várias entradas em uma visão holística das oportunidades e das ameaças que a estratégia precisa abordar. Por exemplo, na empresa de robótica que discutimos no Capítulo 4, como as unidades de P&D não cooperavam, elas eram incapazes de estabelecer relações e, portanto, não conseguiam detectar as reais oportunidades de inovação em seus mercados.

Em alguns casos, uma estratégia ruim leva uma empresa excessivamente complicada a assumir novos requisitos de desempenho – como um portfólio de produtos mais amplo ou mais características de serviço –, com os quais não está preparada para lidar. Inevitavelmente, a empresa produzirá novos produtos a um custo maior, com altos níveis de falha ou será incapaz de entregá-los a tempo. Assim, para se manter competitiva e manter os clientes, ela será forçada a tomar medidas corretivas, entre elas a redução dos preços ou a adição de recursos nos produtos.

Quando isso acontece, a empresa se torna incapaz de distinguir entre os requisitos de desempenho aqueles que realmente poderiam criar valor (como uma ampla seleção de produtos) e as ações que foram tomadas como concessões a clientes, fornecedores ou distribuidores (como a criação de recursos adicionais), devido ao menor poder de barganha resultante de um desempenho ruim. Quanto menos eficaz for a forma como a empresa aborda a complexidade dos negócios, maior será a complexidade que ela tem de assimilar, com resultados cada vez menos satisfatórios. Ela não só faz as coisas de forma errada, também faz coisas erradas. Além de aumentar a quantidade de entradas, a complicação diminui a qualidade das saídas.

Exemplos não faltam. Uma empresa de alta tecnologia que conhecemos contratou três mil pessoas (20% de sua força de trabalho) durante um período de quatro anos. Dessas pessoas, duas mil entraram em funções de coordenação ou de interface. Um dos resultados foi que a empresa, que tinha cerca de 25 clientes, criou mais de 30 produtos diferentes. Esse grau de personalização não era necessário para que a empresa fosse competitiva no mercado.

Quando a empresa removeu todas as funções de coordenação e de interface e fez com que o pessoal de marketing, P&D e vendas agissem como integradores, a cooperação permitiu detectar características comuns nas necessidades dos clientes e melhorar a padronização de sistemas, plataformas e componentes. A participação de mercado e a lucratividade aumentaram. (Veja o quadro "Evite a armadilha do alinhamento estratégico.")

Ferramentas para as regras simples
EVITE A ARMADILHA DO ALINHAMENTO ESTRATÉGICO

Quando surge um novo requisito de desempenho, não siga a sequência tradicional: estratégia, estrutura, processos, sistemas, métricas, incentivos, planos de carreira. Se você fizer isso, só vai acrescentar mais elementos complicadores e, provavelmente, não perceberá a solução mais simples e inteligente. Em vez disso, relacione o novo requisito com o que as pessoas já fazem, utilizando os ciclos de feedback. Ao aplicar a regra simples 5, você poderá garantir que os resultados almejados no futuro já estejam embutidos hoje na escolha das ações das pessoas.

QUATRO MANEIRAS DE ALONGAR A SOMBRA DO FUTURO

Como você pode evitar o caminho do alinhamento estratégico e ainda assim garantir que a organização produza boas estratégias que sejam bem implementadas? Utilizando as regras simples, particularmente a regra simples 5. Há quatro maneiras de estender a sombra do futuro: reduzir o ciclo de feedback, aumentar a frequência de interações, transferir o ponto final para a frente, interligar os futuros e fazer as pessoas se colocarem no lugar do outro.

Reduza os ciclos de feedback

Uma das maneiras de reduzir os ciclos de feedback é fazer as pessoas interagirem com mais frequência com outras cujos trabalhos são afetados por suas ações. Idealmente, essas interações deveriam ser encontros diretos, de modo que fosse impossível ignorar os fatos sobre a forma com que elas lidam com as múltiplas exigências de desempenho.

Por exemplo, você pode aumentar a frequência com que sua equipe avalia os resultados coletivos. Na empresa de robótica com problemas da inovação ("Os nossos engenheiros não são criativos o suficiente"), além de remover os monopólios internos, a gestão também decidiu que a empresa deveria realizar análises de progresso, não a cada seis meses, como era feito no passado, mas a cada duas semanas. Essa mudança teve um impacto imediato e dramático sobre os dois grupos de engenharia. Quando a avaliação era realizada em intervalos de seis meses, os engenheiros poderiam evitar o cumprimento de seus compromissos, deixar de cooperar e ignorar seus colegas por até cinco meses e 29 dias. Agora, os engenheiros poderiam evitar enfrentar as consequências de suas ações por apenas 13 dias.

A falta de cooperação sai pela culatra rapidamente quando o ciclo de feedback é mais curto. O valor líquido presente do melhor desempenho aumenta para o indivíduo, porque as consequências futuras – a dor de enfrentar um momento difícil quando sua falha em manter o compromisso torna-se óbvia – são descontadas durante um período mais curto. Na empresa de robótica, a cooperação entre engenheiros de hardware e de software aumentou imediatamente e, com ela, a capacidade de inovação.

Transfira o ponto final para frente

A sombra do futuro pode ser ampliada quando você se certifica de que o envolvimento das pessoas no trabalho continue até o final da atividade – o ponto em que as consequências de suas ações aparecem nos resultados coletivos. Isso pode ser feito transferindo o ponto final para frente no tempo ou fazendo com que as pessoas não deixem sua função até que cheguem ao ponto final e enfrentem as consequências das próprias ações.

Uma maneira de transferir o ponto final para frente é reduzir a duração de um projeto. Suponha que uma empresa inicie um projeto de três anos. Se você estiver envolvido, é muito provável que não esteja mais por perto quando ele for concluído. Você terá mudado para outra função ou outro local dentro da empresa, terá sido promovido, se aposentado ou mudado de emprego. Então, é quase certo que você não será diretamente afetado pelas consequências das ações que está tomando agora ou pela forma como cooperou com o projeto enquanto esteve envolvido.

Se, em vez disso, a empresa lança um projeto concebido para trazer resultados significativos – com objetivos, avaliações e produtos claros – no prazo de nove meses, sua noção de futuro é alterada drasticamente. Agora, como membro da equipe original, você não está mais tão certo de que estará fora do jogo quando o projeto produzir resultados, se isso realmente ocorrer. Você não tem escolha a não ser aceitar que estará exposto aos resultados e agir em conformidade.

Axelrod defende o aumento na duração (período durante o qual as interações ocorrem e as pessoas arcam com as consequências de sua cooperação ou da falta dela) como uma forma de reforçar a cooperação. Nós, ao contrário, defendemos prazos mais curtos. No entanto, não há contradição se considerarmos a questão real. Ao encurtar a duração objetiva de um projeto, você estende a duração subjetiva para o indivíduo: “Estou nessa do início até o fim”.

Interligue os futuros

Uma terceira maneira de alongar a sombra do futuro é interligando os futuros. Uma empresa de mineração que opera em países em desenvolvimento fez isso para lidar com um problema muito comum nesses locais – a concorrência por talentos.

A mineradora tinha de satisfazer sete requisitos principais de desempenho a fim de obter uma vantagem competitiva. Esses requisitos estavam relacionados a receitas, descobertas e reservas, segurança, custo, excelência operacional, sustentabilidade e otimização do capital de giro. As exigências estavam subdivididas em KPIs personalizados para as principais funções e cargos. Por exemplo, os gerentes de campo – gerentes diretamente encarregados de cuidar das minas – tinham um *scorecard* com 15 métricas e incentivos relacionados, todos eles pertencentes aos sete requisitos de desempenho. Aqueles que despachavam o material extraído, por exemplo, tinham indicadores de produtividade e níveis de serviço destinados a assegurar a excelência operacional. Cada métrica alinhava os comportamentos com a importância relativa dos requisitos de desempenho.

Tornou-se muito importante para a empresa formar a geração seguinte de gerentes de campo, porque não havia no mercado de trabalho local candidatos qualificados e experientes o suficiente para preencher essas vagas. Assim, a empresa decidiu que desenvolveria talentos internamente, em vez de recrutar gerentes de fora.

Você pode imaginar o que aconteceu em seguida. Seguindo a sequência do alinhamento estratégico, o departamento central de RH adicionou um novo KPI ao *scorecard* do gerente de campo: o desenvolvimento de talentos. Esse KPI era dividido em quatro submétricas:

- As notas que os gerentes de campo atribuíam a seus subordinados diretos, que tinha de obedecer um ranking forçado.
- O feedback que eles recebiam de seus subordinados.
- O número de eventos de treinamento que promoviam.
- As novas habilidades adquiridas por seus subordinados, como resultado da experiência adquirida.

Regras, métricas e processos! Como se constatou, nada disso teve qualquer impacto positivo, e os gerentes de campo continuaram a realizar um péssimo trabalho de desenvolvimento de talentos. A principal razão era que essas soluções não abordavam a questão central da complexidade; elas não conciliavam as exigências contraditórias de produtividade e de aprendizagem.

Eis o porquê. Para obter resultados sobre as exigências de produtividade, os gerentes de campo sabiam que era melhor distribuir às pessoas tarefas com as quais elas estavam familiarizadas e nas quais teriam um desempenho eficaz, mesmo que não obtivessem novos conhecimentos ou desenvolvessem novas habilidades. Para ter sucesso no quesito aprendizagem, no entanto, os gerentes de campo tinham de realizar treinamentos no local, o que exigia que as pessoas executassem tarefas pouco conhecidas, que precisavam aprender. Isso tinha um efeito negativo sobre a produtividade. Não é de se surpreender que os gerentes de campo quase sempre optavam pela produtividade de curto prazo – que é mais fácil de executar e medir – à custa do desenvolvimento de longo prazo de suas equipes.

Ao perceber que a competição por talentos não poderia ser vencida por meio da adição de novas métricas, a mineradora tomou um rumo diferente. A empresa encontrou uma maneira de fazer com que os gerentes de campo experimentassem diretamente as consequências de não desenvolver a geração seguinte: a empresa anunciou que um gerente seria promovido somente se ele fosse capaz de propor pelo menos dois candidatos qualificados para assumir sua posição.

Esse novo critério de promoção incorporava um ciclo de feedback, que expunha os gerentes de campo às consequências da decisão tomada de conciliar a produtividade com o desenvolvimento de talentos. O futuro de um gerente estava ligado ao de seu substituto, e o futuro de ambos estava vinculado às exigências de desempenho que eram contraditórias no curto prazo.

O ciclo de feedback impeliu os gerentes de sítio a pensar e a se comportar de forma diferente, porque a sombra do futuro havia sido lançada sobre eles. Eles perceberam que precisavam alterar o que seu comportamento para alcançar a produtividade e desenvolver a equipe. Eles começaram a designar subordinados menos experientes a alguns projetos, mesmo quando os colegas mais produtivos estavam disponíveis, para que tivessem oportunidade de aprender e melhorar suas habilidades.

Isso não foi tão fácil quanto pode parecer. Cada projeto tem suas limitações específicas (como riscos, urgências e desafios) e cada subordinado tem suas características (habilidades que podem ser melhoradas, experiências e pontos fortes). O gerente de campo tinha de levar em conta todos esses elementos e tomar a melhor decisão em cada situação. Havia alguns projetos em que um subordinado poderia assumir novas tarefas sem provocar grande queda na produtividade. Já em outros projetos, no entanto, a produtividade era a prioridade e a aprendizagem prática teria de ser deixada de lado. Ninguém estava mais bem posicionado do que os gerentes de campo para avaliar as circunstâncias únicas de cada situação. O novo ciclo de feedback os impeliu a usar todas essas informações e o próprio discernimento para chegar a soluções melhores, a fim de conciliar os requisitos de desenvolvimento de talentos com a produtividade de curto prazo. Essas soluções não podiam ser alcançadas pelo esquema anterior, não importa o quanto os procedimentos predefinidos tenham sido exaustivos ou quão sofisticados eram os *balanced scorecards* e incentivos criados para alinhar os comportamentos com os requisitos desempenho.

Faça as pessoas se colocarem no lugar do outro

A quarta maneira de alongar a sombra do futuro é fazer com que as pessoas assumam o papel desempenhado pelas outras, mesmo que apenas temporariamente. Isso é particularmente eficaz quando há grandes defasagens de tempo entre as decisões relacionadas ou quando os resultados das decisões só se manifestarão em um futuro tão distante que elas nunca encontrarão os afetados. Ao fazer com que as pessoas se coloquem no lugar das outras – ou seja, das pessoas com as quais elas não trabalham diretamente e que não encontrariam de outra forma – elas são expostas aos problemas que seus comportamentos atuais podem apresentar no futuro.

MOTORFLEET: LEVANDO OS ENGENHEIROS A COMPREENDER A QUESTÃO DA CAPACIDADE DE CONSERTO

Vamos considerar o caso da MotorFleet, uma fabricante de veículos que estava tentando atender a diversos requisitos de desempenho, como custo, segurança, compacidade do produto, consumo de energia e desempenho da anticorrosão.

Para atender a essas exigências, a organização havia aplicado rigorosamente a sequência estratégica de alinhamento. Diferentes funções padronizaram as plataformas de produtos, para atingir economias de escala. As unidades de projeto personalizaram os produtos, para satisfazer diferentes segmentos de clientes. As divisões de engenharia estavam organizadas de acordo com os requisitos específicos definidos pelo marketing e pela especialização técnica. Havia um excesso de funções, processos, KPIs e incentivos para cada item.

A principal concorrente da MotorFleet acrescentou uma nova complexidade aos negócios que a fabricante de veículos teria de enfrentar. A outra empresa anunciou que estenderia seu período de garantia para cinco anos, e isso cobriria grandes reparos de produtos muito similares aos da MotorFleet. A garantia padrão da MotorFleet era de apenas dois anos. Seria necessário reagir e aumentar a garantia para cinco anos ou mais.

O Sr. Consertos não pode corrigir o problema...

Para qualquer fabricante, o custo do período de garantia depende em grande parte da rapidez com que o produto pode ser reparado. Suponhamos, por exemplo, que o motor tenha de ser removido para que os faróis sejam consertados. Esse reparo pode demorar pelo menos três dias, com um efeito desastroso sobre o orçamento da garantia. Assim, a capacidade da MotorFleet de oferecer um período de garantia semelhante ao da concorrência dependia da capacidade de conserto de seus veículos, o que é, evidentemente, determinado pela equipe de design.

A MotorFleet sabia muito bem que seus veículos não eram fáceis de reparar, mas ninguém realmente sabia quem era o responsável por esse fenômeno, chamado capacidade de conserto. Ninguém era responsável. Todos eram responsáveis. A equipe de gestão decidiu que algo tinha de ser feito: "A capacidade de conserto é extremamente importante para nossa capacidade de competir. Devemos ter responsabilidade!" Veja como é fácil cair na armadilha da estratégia de alinhamento: "Uma vez que existe um novo requisito, vamos criar uma nova função que se responsabilize por ele."

Uma função de consertos foi devidamente estabelecida para coordenar todas as decisões que afetassem esse quesito em todas as áreas da engenharia – especialmente nas equipes de engenheiros mecânicos e elétricos. A gestão também definiu um processo de reparabilidade e um conjunto de indicadores de desempenho e incentivos. No topo dessa unidade, havia uma função responsável exclusivamente por isso, que chamamos de Sr. Consertos.

O desafio da reparabilidade era particularmente difícil para os engenheiros mecânicos e elétricos que trabalhavam com veículos pequenos. Para produzir um produto compacto e competitivo, os engenheiros de projeto criaram uma carcaça que deixava menos espaço para acomodar o motor do que gostariam os engenheiros mecânicos. A solução dos engenheiros mecânicos foi invadir uma pequena parte do espaço reservado à instalação da fiação e de outros componentes pelos engenheiros elétricos. Os engenheiros elétricos, por sua vez, tiveram de encontrar uma maneira de espremer tudo isso. O que fizeram foi instalar algumas fiações em áreas de difícil acesso. Isso significava que seus colegas de serviços de pós-venda teriam de realizar operações de reparação lentas e dispendiosas. Algumas dessas adaptações poderiam ter sido evitadas com o uso de componentes mais caros, o que tornaria os reparos menos prováveis e menos necessários, mas o custo do produto seria alto demais para ser competitivo.

As contradições entre compacidade, baixo custo e reparabilidade não eram algo novo para a MotorFleet. A novidade era a pressão competitiva que afastou a possibilidade de satisfazer um requisito à custa dos outros.

A MotorFleet já havia criado funções como o Sr. Consertos para outros itens. Havia um Sr. Custo, um Sr. Segurança, um Sr. Consumo de Energia e vários outros. Cada um deles definia seus processos, KPIs e incentivos para alinhar os engenheiros a um requisito específico. A ideia, típica do alinhamento estratégico, era a de que, se existirem tantos KPIs quanto requisitos, cada um com o peso adequado e o incentivo correto, os comportamentos dos engenheiros necessariamente os colocariam na média ponderada dos KPIs nos *scorecards*.

Qual foi o efeito da nova função de reparação sobre os engenheiros? Devido a todos os outros KPIs e incentivos, e apesar de uma proporção relativamente alta de remuneração variável (mais de 15% em alguns casos), um bom desempenho no KPI de reparabilidade faria apenas uma pequena diferença na remuneração total de cada engenheiro – um valor minúsculo de 0,8%. Em outras palavras, nada. Nós sabemos que os incentivos podem realmente ter efeito contraproducente nos comportamentos, mas, neste caso, o efeito não era nem contraproducente nem eficaz; era apenas insignificante, sem impacto sobre a capacidade de conserto dos veículos.[5]

Para lidar com essa montanha de processos, procedimentos e regras (o manual da MotorFleet no final tinha se tornado gigantesco, com a inclusão de cerca de dez mil procedimentos operacionais), os engenheiros recorreram à sua rede informal de amigos e colegas para encontrar soluções. Eles contaram com o bom relacionamento interpessoal para sobreviver. Mas a limitação das redes informais é que as pessoas fazem o máximo para não tomar quaisquer decisões difíceis, que poderiam impor custos de adaptação sobre os outros e, assim, prejudicar os bons relacionamentos. Na rede informal, o recurso é o bom relacionamento com os outros e, para preservar esse recurso essencial, as pessoas tendem a evitar conflitos difíceis que, caso abordados, desgastariam seus relacionamentos e, assim, prejudicariam esse importante recurso. Além disso, os vários eventos sociais que haviam sido organizados para aproximar os engenheiros mecânicos e elétricos realmente funcionaram. Eles se sentiram mais próximos, e isso os deixava ainda mais relutantes em forçar suas relações e em cooperar de forma efetiva.

Quando escolhas difíceis sobre requisitos contraditórios precisavam ser tomadas, as decisões inevitavelmente eram jogadas para cima; porém, os gestores sênior de engenharia, com menor conhecimento direto sobre as questões, assumiam compromissos inadequados. As equipes de pós-venda continuavam a sofrer com as onerosas operações de reparação, e a MotorFleet descobriu que era impossível estender o período de garantia sem estourar o orçamento. A empresa não foi capaz de agregar valor conciliando a capacidade de conserto com os demais requisitos, mas gastou uma boa soma de dinheiro e acrescentou muita complicação ao tentar fazer isso.

... mas a cooperação pode

Por fim, a MotorFleet mudou de abordagem. Em vez de enquadrar a questão segundo os princípios do alinhamento estratégico – "precisamos aumentar a capacidade de conserto, por isso precisamos de uma estrutura dedicada a isso, com processos e sistemas próprios" –, os executivos perceberam que era uma questão de cooperação:

- Ao projetarem os veículos, os engenheiros teriam de considerar as restrições das equipes de serviço que iriam consertá-los.
- O engenheiros, principalmente nas unidades mecânicas e elétricas, teriam de cooperar uns com os outros, dado o impacto que suas decisões tinham sobre o trabalho dos mecânicos no pós-venda.

Esse reenquadramento da questão mudou radicalmente os termos do problema. Em vez de criar procedimentos e *scorecards* mais sofisticados, utilizando as melhores práticas de alinhamento estratégico, a equipe de gestão decidiu encontrar um modo de fazer com que a falta de cooperação dos engenheiros se tornasse uma restrição para eles. Durante anos, o custo dessa falta de cooperação foi empurrado para a rede de pós-venda – particularmente para os mecânicos das oficinas – e também para os clientes. Como o contexto poderia ser alterado, reintroduzindo esse custo como um restrição para os engenheiros? Como eles poderiam ser expostos às consequências de suas ações sobre os outros e sobre os resultados globais?

A resposta era fazer com que engenheiros se colocassem no lugar do outro, especialmente da mecânica de pós-venda, com uma solução elegante e engenhosa: alguns dos engenheiros passaram a ser designados a trabalhar na rede de oficinas de pós-venda após o lançamento de um modelo que haviam projetado. Sua responsabilidade era gerenciar o orçamento da garantia para esse modelo. Se o orçamento estourasse por causa do design de difícil reparação que tinha sido projetado, a bomba explodiria em suas mãos. A perspectiva de ser chamado para trabalhar na rede de pós-venda – uma bomba-relógio implícita – teve um efeito muito mais poderoso sobre a qualidade do trabalho dos engenheiros do que quaisquer interfaces, coordenadores ou métricas formais.

Quando os engenheiros mecânicos e elétricos perceberam que poderiam ter de lidar pessoalmente com as consequências de suas escolhas, eles começaram a trabalhar de forma muito diferente. Eles abandonaram a abordagem sentimental do trabalho em equipe, com a evasão amigável da verdadeira cooperação, e começaram a olhar de frente a necessidade de soluções mais difíceis. Ao trabalhar com o marketing e uns com os outros, os engenheiros foram capazes de fazer escolhas que, no final, possibilitaram à MotorFleet igualar seu período de garantia ao de seus concorrentes, sem comprometer os outros requisitos de desempenho.

Naturalmente, a solução envolveu uma adaptação da organização, mas de apenas um elemento: os planos de carreira.[6] Mas, se a equipe de gestão tivesse insistido no alinhamento estratégico, seria impossível chegar a esta solução elegante. Isso porque os planos de carreiras estavam no fim da sequência linear do alinhamento. Os altos executivos não teriam considerado os planos de carreira até que tudo estivesse alinhado – estruturas, processos e sistemas. A responsabilidade de ajustar os planos de carreira ficaria com alguém do RH, que só tinha sido instruído a tornar a remuneração, os benefícios e o plano de carreira do Sr. Consertos adequadamente atraente – aumentando ainda mais a complicação.

O novo plano de carreira dos engenheiros reduziu alguns dos benefícios que poderiam ter sido obtidos a partir da experiência contínua dentro de seu grupo (como o aprendizado intenso que vem da repetição de uma tarefa ou a inovação que pode derivar de um foco concentrado), mas a análise mostrou que essas melhorias potenciais na produtividade eram insignificantes em comparação com os benefícios de uma maior cooperação entre os engenheiros e a rede pós-venda.

Quando a regra simples 5 foi implementada, a equipe de gestão descobriu que isso possibilitava a aplicação de algumas das outras regras simples, como reforçar o papel dos integradores. A empresa foi capaz de remover os coordenadores multifuncionais (incluindo a estrutura de reparabilidade), funções de interface, processos, *scorecards* e incentivos. Oitenta porcento das pessoas em funções de interface retornaram às funções nas quais poderiam cooperar com os outros no cumprimento dos vários requisitos de desempenho. Em três anos, a produtividade global na MotorFleet aumentou 20% e a empresa transformou a garantia estendida na pedra angular de sua campanha de comunicação.

O EFEITO DA SOMBRA ESTENDIDA: AUMENTO DO ENGAJAMENTO

A extensão da sombra do futuro muda o que está em jogo para as pessoas – seus objetivos e problemas – e, muitas vezes, reduz o que elas têm de fazer, levando em conta as restrições dos outros e não apenas as próprias. É por isso que, quando se alonga a sombra do futuro, as pessoas devem ser dotadas de autonomia e de margem de manobra suficientes. Seria absurdo (e injusto) expor as pessoas às consequências de suas ações sem dar a elas o poder suficiente de agir, ou impedi-las de tomar quaisquer medidas que tivessem impacto sobre os resultados futuros. Se um resultado faz a diferença para você, você deve ser capaz de fazer a diferença no resultado. Sem margem de manobra e influência suficientes sobre as pessoas cujas equipes precisam de sua cooperação, um ciclo de feedback se torna apenas um bloqueio. Nesse caso, a única maneira de lidar com esse tipo de sofrimento é desengajar ou, como os recepcionistas da InterLodge faziam, pedir demissão.

O engajamento, portanto, é prospectivo, não retrospectivo. As pessoas não optam pelo engajamento por gratidão em relação ao que ocorreu no passado, mas sim como uma projeção do que vão conseguir mais à frente. Ao alongar a sombra do futuro, uma empresa torna o engajamento algo mais vantajoso para as pessoas, já que elas terão a capacidade de fazer diferença em sua trajetória pessoal. O potencial é ainda maior porque a trajetória não é fixa, e as pessoas podem ajudar a criar uma carreira melhor para si mesmas, em vez de mudar de empresa ou empreendimento. Para obter esse tipo de compromisso, as empresas têm de criar muito espaço de manobra dentro das funções e estabelecer planos de carreira que permitam às pessoas crescer de várias maneiras, passando para uma posição mais elevada ou enriquecendo e ampliando seu papel atual à medida que criam mais valor.

O fato de as pessoas não terem a capacidade de influir sobre as coisas que importam para elas pode ser altamente desmotivador. Isso demonstrou ser especialmente verdadeiro para os indivíduos seniores. As empresas que estão lidando com a mudança demográfica causada pela aposentadoria dos *baby boomers* se preocupam com o problema da escassez de força de trabalho. Elas se esquecem de uma questão muito mais significativa, que é o declínio da produtividade resultante de funcionários desengajados, que sabem que seu próximo passo na carreira só poderá ser a aposentadoria.[7] Quando a trajetória é definida com antecedência, o futuro não faz sombra e não há engajamento. O processo de desgaste que acompanha a passagem do tempo é acelerado. Os empregados mais antigos não envelhecem uma empresa; as empresas os envelhecem. O aumento da idade legal de aposentadoria, sem a criação de papéis que permitam às pessoas fazerem a diferença, só faz o desengajamento se prolongar por mais tempo.

FERRAMENTAS COM NOVOS PROPÓSITOS

As aventuras das empresas que descrevemos neste capítulo ilustram tentativas de satisfazer vários requisitos por meio da abordagem *hard* de alinhamento: a criação de cargos para os requisitos (como o Sr. Consertos) ou a criação de KPIs e métricas específicas para um requisito (como o desenvolvimento de talentos na empresa de mineração). Vimos que muitos dos requisitos de desempenho que uma empresa deve enfrentar só podem ser satisfeitos pela promoção da cooperação, e não pela criação de funções, procedimentos ou sistemas dedicados visando o alinhamento estratégico.

Nós também aprendemos a incentivar a cooperação com ciclos de feedback que ampliem a sombra do futuro, e como isso envolve o uso de ferramentas clássicas de gestão, como os planos de carreira. Ao aplicar as regras simples, as empresas não precisam – e não podem – abandonar todas as alavancas organizacionais, entre elas fixação de metas, processos, definição de funções, planos de carreira etc. Não existem outros elementos para projetar organizações.

Na verdade, não existe uma única alavanca ou um único elemento mágico, além dessas medidas básicas, que podem produzir instantaneamente uma transformação cultural, uma empresa adaptável, uma organização que aprende ou qualquer um dos outros modelos que parecem tão atraentes. Propriedades como capacidade de conserto, foco no cliente, flexibilidade, velocidade e outras emergem de padrões de interação moldados por contextos, e estes são, por sua vez, criados pela combinação de alavancas organizacionais.

As regras simples utilizam os elementos conhecidos de estrutura, processos e sistemas, mas de forma muito diferente. O que importa não são os elementos em si, mas a maneira como as pessoas os integram em suas estratégias. Esses elementos não são selecionados de acordo com suas supostas vantagens e desvantagens intrínsecas, ou de acordo com sua consistência teórica, mas de acordo com os comportamentos, que se tornam estratégias racionais, das pessoas quando vários elementos se unem. Assim, você pode criar contextos de trabalho com precisão cirúrgica e de modo muito mais específico do que com os padrões estruturais genéricos. A precisão não está nos detalhes do que as pessoas devem fazer, mas em entender por que elas fazem o que fazem e o modo como seus comportamentos se combinam para produzir adaptabilidade, foco no cliente e desempenho em geral. É por isso que um dos principais benefícios das regras simples é o uso de muito menos elementos, e que aqueles usados sejam realmente eficazes. Elas ajudam na escolha de alavancas organizacionais, por meio de uma abordagem tanto em um nível específico quanto de forma holística, de acordo com seu efeito combinado no contexto das metas, recursos e restrições, a partir dos quais surgem os comportamentos e o desempenho. Essa simplicidade inteligente ajuda a não cair na armadilha da complicação, escondida nas melhores práticas e na sequência do alinhamento estratégico – mais e mais estruturas, processos e sistemas que colocam a organização à deriva.

RESUMO DA REGRA SIMPLES 5

Aumente a importância do que acontece amanhã como uma consequência do que as pessoas fazem hoje. Ao fazer alterações muito simples, você pode gerenciar requisitos complexos e, ao mesmo tempo, remover a complicação organizacional. Com o alinhamento estratégico típico da abordagem *hard*, essas soluções simples – por exemplo, os planos de carreira – geralmente estão no fim de uma sequência que começa com a implementação de alterações mais complicadas: novas estruturas, processos, sistemas, métricas, e assim por diante. Soluções simples e eficazes são impossíveis. Você pode alongar a sombra do futuro de quatro maneiras:

» Reduzindo o ciclo de feedback e tornando mais frequentes os momentos em que as pessoas experimentam a consequência dos resultados de suas contribuições.
» Trazendo o ponto final para frente, especialmente com a redução da duração dos projetos.
» Interligando os futuros, para que as ações bem-sucedidas sejam condicionadas à contribuição nas ações bem-sucedidas dos outros.
» Fazendo as pessoas se colocarem no lugar do outro.

CAPÍTULO 6

Regra simples 6: Recompense quem coopera

A regra simples 6 é a terceira das três regras simples que impelem as pessoas a melhor utilizar seu discernimento e energia para lidar com a complexidade.

Embora todas essas três regras dependam da criação de ciclos de feedback, os ciclos das regras 4 e 5 são diretos; o da regra 6, ao contrário, é indireto.

Às vezes, a natureza das tarefas e atividades é tal que o feedback só pode vir de forma indireta – do julgamento e da avaliação de outras pessoas, normalmente gestores –, e a regra 6 consiste na criação desse tipo de ciclo de feedback indireto, que pode ser necessário quando há uma defasagem de tempo entre causas e efeitos, ou quando os trabalhos são tão isolados uns dos outros que as pessoas nessas funções ficam imunes ao impacto recíproco do comportamento dos demais.

Nesses casos, os gerentes seniores podem fechar o ciclo de feedback, ao seguir a regra simples 6: recompensando as pessoas que cooperam e não recompensando as que não cooperam. Para tanto, os gerentes terão de usar a conhecida ferramenta de avaliação de desempenho, embora de forma muito diferente.

Neste capítulo, você aprenderá:

- **Como usar mais do que critérios puramente técnicos na avaliação de desempenho.** Na prática, a maioria das avaliações de desempenho busca as causas técnicas para os problemas e identifica as pessoas responsáveis para, em seguida, atribuir a culpa a uma delas. Uma utilização mais eficaz da avaliação de desempenho é promover a cooperação.
- **Como fazer com que as pessoas que não cooperam arquem com as consequências.** As pessoas não devem ser culpadas por falhas, especialmente quando ocorrem na tentativa de atender a um requisito de desempenho. Em vez disso, elas devem ser responsabilizadas por não ajudar as que estão precisando de ajuda.
- **Como mudar o diálogo gerencial para fazer com que a transparência seja um recurso e não uma restrição.** Muitas organizações jogam o jogo da fixação de metas, que desencoraja a transparência e impede que os grupos atinjam seu pleno potencial. O diálogo gerencial em torno da avaliação de desempenho deve usar o conhecimento das pessoas para melhorar e incentivar a inovação.

Neste capítulo, vamos ilustrar esses pontos por meio de um estudo de caso detalhado sobre como os gerentes de uma empresa de transporte ferroviário de passageiros, que chamamos de RapidTrain, mudaram o processo de avaliação de desempenho para que seus trens fossem pontuais.

RAPIDTRAIN: MELHORAR A PONTUALIDADE

A pontualidade costumava ser o ponto forte da RapidTrain. Mas, ao longo dos últimos dez anos, devido ao rápido aumento do tráfego, a pontualidade havia caído 80%. Com base em sua longa história de excelência tecnológica, a empresa tentara muitas soluções diferentes: atualização de seus sistemas de controle de tráfego, criação de uma nova função de monitoramento de atrasos e racionalização de algumas operações, como limpeza e verificação de equipamentos. Mas cada iniciativa, mesmo aumentando ligeiramente a pontualidade, também impactou negativamente outros requisitos de desempenho, entre eles custo, qualidade e segurança. Devido aos rígidos padrões da empresa, isso era inaceitável, e assim a RapidTrain interrompeu cada iniciativa antes que chegassem a melhorar a pontualidade.

Então, a concorrência de outras empresas ferroviárias e dos modos alternativos de transporte se intensificou. A RapidTrain não tinha escolha senão melhorar o pontualidade e, ao mesmo tempo, manter seus rigorosos padrões de segurança, qualidade e custo. Como a empresa faria isso? Sugerimos aos membros da diretoria executiva que se concentrassem em melhorar a cooperação, em vez de depender da responsabilidade individual e do acréscimo de novos recursos. No entanto, muitas pessoas não compreenderam a necessidade de melhorar esse requisito. Um supervisor de manutenção, por exemplo, disse: "A falta de cooperação é uma desculpa. Se formos todos responsáveis em nossos silos, os trens serão pontuais, com ou sem cooperação. Meu trabalho é garantir que os vagões saiam da manutenção na direção certa, na hora certa". Essa é a abordagem *hard*. Um gerente recém-contratado respondeu: "Sua mentalidade de silo é típica da burocracia que encontramos aqui, por causa do histórico de funcionarismo público de uma empresa estatal". Essa é a abordagem *soft*, segundo a qual as mentalidades conduzem os comportamentos, e a única solução correta seria "mudar as mentalidades".

As principais unidades operacionais que tinham de cooperar umas com as outras eram equipe de manutenção, maquinistas, condutores e funcionários das estações. Os membros da unidade de manutenção, por exemplo, poderiam informar imediatamente aos colegas sobre a natureza dos reparos que iriam executar e quanto tempo levariam. Os gestores da plataforma, por sua vez, poderiam anunciar o atraso aos passageiros e posicioná-los na plataforma, para que estivessem prontos para embarcar assim que o trem reparado chegasse; um processo de embarque mais eficiente compensaria o atraso gerado na unidade de manutenção. Ao mesmo tempo, sempre que um trem chegasse à estação com necessidade de manutenção, o gerente da estação poderia acelerar o processo enviando-o para a plataforma mais próxima do galpão de manutenção. Os condutores de trem poderiam ajudar a equipe de plataforma a gerenciar o fluxo de passageiros, assim que o embarque começasse. Em outras palavras, a cooperação forneceria um conjunto maior de opções, de modo que, dependendo das circunstâncias e da natureza específica dos problemas inesperados, a RapidTrain pudesse encontrar soluções melhores para satisfazer seus requisitos de desempenho conflitantes.

As unidades operacionais na RapidTrain, no entanto, não estavam cooperando de forma necessária para resolver o problema dos atrasos. Ainda mais frustrante para os gestores seniores (e funcionários) era que a organização exibia uma cooperação excepcional durante as crises (causadas por condições meteorológicas extremas, por exemplo). Nessas situações, as equipes rapidamente encontravam soluções engenhosas, consideradas surpreendentes para os padrões do setor. A implantação de ciclos de feedback diretos não era uma opção para alcançar o mesmo nível de cooperação nas operações diárias. Os funcionários da RapidTrain estavam isolados dos impactos recíprocos, devido à própria natureza do tráfego de trens em uma grande rede ferroviária. Os integrantes de cada área trabalhavam em diversos locais ao longo do dia e interagiam com várias funções de forma diferente em cada situação. A regra 5 – alongar a sombra do futuro – não era aplicável, porque um funcionário da manutenção não poderia se tornar condutor do trem que acabou de reparar, a fim de experimentar as consequências de suas ações. O condutor precisa de estar na plataforma antes que o trem chegue da manutenção, de preferência com roupas e mãos limpas.

Dependia da equipe de gestão para fechar o ciclo de feedback. Que critério de avaliação de desempenho poderia ser usado para criar um contexto em que a cooperação se tornasse a melhor escolha para os membros da equipe? Para responder a esta pergunta, nós trabalhamos com os gerentes da RapidTrain para entender primeiramente o contexto de trabalho existente. Descobrimos que o objetivo real dos gerentes das unidades não era garantir que o trem chegasse a tempo para os passageiros, mas evitar que fossem considerados culpados por criar atrasos, que fossem responsabilizados por isso.

Esse objetivo surgiu como resultado direto de uma das medidas anteriores que a RapidTrain havia tomado para tentar melhorar a sua pontualidade – a criação de uma nova função de monitoramento. Sempre que um trem estava atrasado, a área de monitoramento entrava em ação e iniciava uma investigação para determinar qual unidade havia causado o atraso. Milhares de horas foram gastas nessas investigações. A área de monitoramento emitia uma declaração após a outra, e as unidades refutavam ou tentavam dar explicações. A investigação continuaria até que fosse possível determinar qual a unidade responsável pelo fator técnico que tinha sido a causa raiz do atraso. Alguém não repôs o estoque de combustível? Uma plataforma errada havia sido anunciada? Quando a causa raiz técnica era determinada, o gerente da unidade em questão era declarado culpado, e isso tinha impacto nas decisões anuais de avaliação e promoção. Essa abordagem é comum no sector ferroviário, bem como em muitos outros negócios. Sempre que há um atraso – como a interrupção da construção de uma obra ou a demora na entrega de um software – as organizações determinam a causa raiz técnica e, em seguida, colocam a culpa em alguém.

Os principais recursos de um gerente de unidade eram a equipe e os equipamentos sob seu controle direto. As outras unidades também eram um recurso? Lembre-se de que nada é um recurso em si, mas depende do objetivo moldado pelo contexto de trabalho. Sim, as outras unidades eram um recurso secundário, mas não porque poderiam ajudar, e sim porque eram potenciais candidatas a receber a culpa quando algo saía errado. Havia pouca ajuda mútua entre as áreas, exceto durante uma grave crise. Para obter ajuda, era preciso pedir ajuda. E assim que uma unidade pedia ajuda, porém, ela estava sinalizando que era a causa raiz do atraso. Dessa forma, quando ocorria um problema em uma unidade, o gerente e sua equipe tentavam compensar o atraso por si mesmos. Às vezes isso funcionava, mas não com regularidade suficiente para melhorar o desempenho em termos de pontualidade. Atrasos em uma área significavam atrasos nas outras, nos trens e impacto na rede.

É claro que ninguém decide deliberadamente ser a causa raiz técnica de um problema. Geralmente, ninguém faz uma escolha para atrasar os colegas. No entanto, quando os outros estão atrasados porque não cooperaram para compensar os atrasos que você causou, eles fizeram uma escolha deliberada de não cooperar. Se alguém deveria ser responsabilizado, quem seria, você ou os outros?

Nós nunca encontramos uma situação em que as pessoas não fossem capazes de cooperar. O que sempre observamos é que as pessoas têm uma margem de manobra na alocação de seus esforços, para assegurar tanto a proteção concedida por sua contribuição mensurável quanto a contribuição não mensurável para os resultados globais. A barreira comum não é a relutância em gastar mais energia – as pessoas geralmente gastam toda sua energia para se proteger, de uma forma ou de outra, mas o risco de transformar um esforço em uma cooperação não mensurável. Na RapidTrain, a análise revelou que as pessoas estavam fazendo maiores esforços na tentativa de compensar o atraso por conta própria, mas muitas vezes em vão. Ser transparente com os outros certamente teria exigido muito menos energia. E se todo esse esforço e inteligência, em vez de serem usado em vão, pudessem ser direcionados para a pontualidade dos trens, por meio da cooperação?

Com base nessa análise, a diretoria da RapidTrain fez uma grande mudança nos critérios de avaliação. Os executivos decidiram que, uma vez que uma unidade revelasse às outras um problema, as unidades que não colaborassem para a solução do problema seriam responsabilizadas pelo atraso. Para perceber o quanto a mudança era radical, pense nisso: era como dizer "Quando outra unidade faz com que você se atrase, você será o único a levar a culpa". A questão-chave não era mais "Você é tecnicamente a causa do atraso?", mas "Você cooperou para resolver o atraso?". A avaliação não girava em torno de critérios técnicos, mas organizacionais.

A cada semana, os gerentes das unidades sentavam-se com seus superiores para avaliar os atrasos e responder à nova pergunta. Os gerentes de estações, que estavam presentes em alguns momentos importantes de cooperação, também julgavam se as unidades haviam contribuído para a resolução dos problemas. Naturalmente, os gestores seniores também deixaram claro que, se a mesma unidade fosse repetidamente a causa de problemas, por não se envolver na melhoria contínua, ela levaria a culpa. Mas não havia mais uma relação direta entre causas técnicas e responsabilidade. Quem precisasse de ajuda agora tinha o interesse de ser transparente sobre o assunto e as outras pessoas tinham o interesse de cooperar. Essa maior cooperação, por sua vez, permitiu que a RapidTrain fizesse melhorias nos processos de trabalho de cada unidade.

Apenas quatro meses após o início da nova abordagem, a pontualidade da RapidTrain saltou para 95% nas principais linhas em que a mudança havia sido implementada. Isto foi possível sem novos equipamentos, sistemas de programação ou trens e equipes adicionais. Outro benefício é que já não era preciso gastar milhares de horas em investigações de causa raiz, uma vez que o interesse de todos era ser transparente sobre os próprios problemas – e também porque ocorriam menos atrasos.

Houve ainda outro resultado importante. Como parte da avaliação da mudança, uma equipe lançou uma pesquisa com os funcionários e entrevistou os membros da unidade para saber como se sentiam em relação à nova abordagem. O resultado foi que eles se sentiam mais felizes do que antes. Três fatores pareciam explicar essa maior satisfação no trabalho. Em primeiro lugar, as equipes em contato com os clientes agora eram capazes de dar informações mais úteis em caso de problemas, enquanto tomavam medidas para aliviar a situação. O relacionamento com os clientes havia mudado positivamente. Em segundo lugar, as relações hierárquicas haviam melhorado. Os gerentes agora podiam ajudar as unidades a obter a cooperação necessária das outras pessoas. Em terceiro lugar, também havia um certo orgulho em bater os recordes. Na verdade, é isso o que acontece quando os esforços estão voltados para a cooperação. (Veja o quadro "Use a avaliação de desempenho para melhorar a cooperação".) Curiosamente, quando encontramos novamente o supervisor de manutenção, ele nos disse que seu verdadeiro papel era "fazer com que as equipes cooperassem para que os passageiros, e não só a manutenção, chegassem na hora certa". Sua mentalidade havia mudado sem psicanálise ou terapia burocrática. Na verdade, o contexto mudou, os comportamentos se ajustaram de forma inteligente, e a mentalidade evoluiu como consequência disso.

Ferramentas para as regras simples

USE A AVALIAÇÃO DE DESEMPENHO PARA MELHORAR A COOPERAÇÃO

Não tente punir ou culpar as pessoas pelos resultados. Incentive o conhecimento aprofundado de como os resultados são obtidos e de quem ajudou a alcançá-los.

A presença gerencial e os ciclos de feedback avalia o modo como cada indivíduo contribui para a eficácia dos outros, fazendo com que seja mais difícil passar a responsabilidade para os papéis mais fracos, que arcam com a maior parte dos custos de adaptação. Ajudar os outros com seus resultados acaba se tornando algo mais atraente e que, por sua vez, incentiva a transparência em relação ao desempenho.

Não confunda os três termos a seguir: direcionamento do negócio (o que requer muitas métricas e KPIs para identificar e antecipar a trajetória dos negócios), gestão de desempenho (avaliação de desempenho das pessoas, usando algumas métricas, e também o discernimento qualitativo, fornecendo conselhos de melhoria) e as recompensas (a forma de gratificar as contribuições). O *balanced scorecard* é muitas vezes uma forma sofisticada de confusão desses três elementos, em que a remuneração acaba sendo uma função direta da pontuação alcançada por pessoas em relação à média ponderada dos vários KPIs de negócios. "O sistema calculou sua pontuação e, como seu gerente, estou muito feliz em dizer que este ano você atingiu uma ótima pontuação de 4.81 – não estou surpreso. Entre em contato com o contador que está com seu cheque e não se esqueça de comemorar!" Se o gerente não ficou surpreso, qual é o propósito da pontuação? Se o gerente ficou surpreso, qual é o propósito do gerente? Os gerentes raramente dizem que ficaram surpresos, o que simplifica as discussões, mas não simplifica o *balanced scorecard* e muito menos a obtenção de resultados globais.

Muitas vezes, uma empresa escolhe critérios de avaliação de desempenho para relacionar aquilo que vai bem ou mal nos processos operacionais com as áreas específicas responsáveis. Quanto mais direta, precisa e clara é a relação, mais a empresa acredita que possui o sistema de avaliação correto. Mas a meta adequada de um sistema de avaliação não é ser tecnicamente correta. Pelo contrário, é provocar o pleno engajamento e a cooperação. Assim, ao utilizar um sistema de avaliação, pergunte: "Será que estamos tentando ser fiéis aos aspectos técnicos da descrição do cargo ou estamos tentando criar o engajamento e a cooperação?" Essa questão muitas vezes faz com que os gerentes alterem os critérios, afastem-nos de aspectos técnicos e enfatizem as partes do trabalho que fazem a diferença.

OS QUE NÃO COOPERAM DEVEM ARCAR COM AS CONSEQUÊNCIAS

Uma maneira de aplicar essa regra simples é adotar o princípio instituído por Jørgen Vig Knudstorp, CEO do Grupo Lego: "A culpa não vem do fracasso, mas de não ajudar ou não pedir ajuda".[1]

Quando existe essa regra, as pessoas tornam-se muito mais transparentes sobre suas fraquezas, suas incertezas nas previsões de negócios e suas oportunidades de melhoria.

Uma organização é muito mais resistente quando as pessoas sabem que é seu interesse individual ajudar os outros e ser transparente, do que quando elas são julgadas e recompensadas pela sua capacidade de evitar erros em sua própria área. Quando elas trabalham dessa forma, sempre terão a ajuda de outros, que são responsáveis por encontrar a solução para um problema. Aqui está a força do lema dos Mosqueteiros: "Um por todos e todos por um".

Essa abordagem coloca a questão vital da tolerância a falhas em uma perspectiva útil. A intolerância ao fracasso é ruim, pois pode levar à fobia do risco: "Não tome iniciativas. Não tente novas ideias. Esconda seus erros!" A instituição de um decreto de tolerância zero aos erros não vai impedi-los de acontecer. Só levará as pessoas a esconder os erros que ocorrem.

A tolerância ao fracasso, porém, nem sempre é boa, já que muitas vezes apenas diminui os padrões. A verdadeira intenção da tolerância ao fracasso não é ser mais leniente ou tornar os requisitos menos exigentes. Só porque as pessoas têm o direito de cometer erros não significa que a borracha pode se desgastar mais rápido do que o lápis.

A melhor maneira de administrar a tolerância ao fracasso é a utilização de critérios que coloquem demandas nos pontos em que as pessoas possam criar maior impacto para a organização e seu desempenho – onde elas têm uma margem de manobra que poderia ser combinada com a de outros indivíduos para fazer uma grande diferença. Ao usar critérios que recompensam as decisões em geral seriam consideradas riscos para as pessoas individualmente, mesmo quando são boas para a empresa, a pressão pode ser concentrada nos pontos que favorecem a cooperação e, portanto, que têm mais impacto do que a pressão dentro dos silos. Esse tipo de tolerância ao fracasso torna o sistema resultante também mais tolerante – ou seja, mais robusto. O resultado é confiabilidade sem necessidade de aumentar os mecanismos de controle. As atitudes em relação aos riscos são geralmente descritas em termos de cultura ou mentalidade. "Nosso pessoal é avesso ao risco. Nossa cultura não é suficientemente tolerante ao risco". Isso é errado. Na verdade, todas essas questões não têm nada a ver com psicologia ou com a mentalidade específica das pessoas. Na maioria das vezes, elas são questões práticas e organizacionais de cooperação. O risco não é um objetivo em si. O que importa é o efeito dele sobre o desempenho organizacional e sobre os indivíduos. A tomada de riscos é algo bom apenas quando há cooperação, pois só ela pode tornar a tomada de riscos uma estratégia racional para o indivíduo. As pessoas assumem um risco pessoal quando sabem que podem contar com a cooperação dos outros – para compensar, revezar, absorver ou fornecer uma rede de segurança caso algo ruim aconteça. E, então, o risco também se torna proveitoso para a empresa.

Como sua organização administra o direito de errar? Ela é completamente intolerante ao fracasso? Ela é muito tolerante? Você aborda o fracasso de uma maneira que gera resiliência?

ALTERANDO O DIÁLOGO GERENCIAL: FAÇA COM QUE A TRANSPARÊNCIA SEJA UM RECURSO, NÃO UMA RESTRIÇÃO

Um ingrediente importante da avaliação é o diálogo que os gerentes têm com suas equipes. Por avaliação, queremos dizer as conversas e os julgamentos sobre o esforço das pessoas, o que as ajuda e o que as restringe. (Não estamos nos referindo às caixas que têm de ser preenchidas como parte do formulário padrão de avaliação anual.) O modo como os gerentes abordam esse diálogo é importante.

"O que as pessoas dizem quando fazem queixas sobre você?"

Um CEO que conhecemos costumava iniciar a avaliação de seu gerente de serviços compartilhados perguntando: "Tenho recebido algumas queixas das operações regionais sobre sua agilidade de resposta. O que está acontecendo?" O CEO estava em uma missão de detecção de erros. Para o gerente, isso se tornou um jogo de defesa, e ele então contrapunha todas as queixas com depoimentos positivos que tinha recebido em outros trimestres.

Essa abordagem não faz o melhor uso da inteligência das pessoas ou das informações disponíveis. O CEO, que estava distante das operações, tinha poucas escolhas além de concentrar sua atenção em informações de segunda mão sobre o desempenho do gerente e os supostos problemas. O gerente, por sua vez, só tinha como escolha usar sua inteligência para justificar seu desempenho, atacar seus agressores e inflar seus sucessos. Não era um diálogo, mas uma sequência de golpes e defesas.

O CEO percebeu que essa abordagem não estava levando à melhoria do desempenho e decidiu mudar a forma de conduzir a avaliação. Ele iniciou a conversa de forma diferente, perguntando: "Que frustrações você causa em seus clientes internos? Sobre o que eles se queixam? Como posso ajudá-lo a resolver esses problemas? Uma coisa não se justifica: que outras pessoas falem sobre questões em que você está envolvido e que eu não tenha ouvido de você. Isso significaria que conheço seus clientes internos melhor do que você".

Ao avaliar as pessoas quanto ao seu conhecimento sobre o que não está funcionando em suas áreas, em vez de incentivá-las a jogar na defensiva, a lógica da conversa se inverte. A responsabilidade pelo fornecimento das informações e pela ação sobre elas recai nas pessoas que estão em melhor posição para isso.

Esse tipo de diálogo não pode depender de informações obtidas por meio de pesquisas de satisfação dos clientes internos e afins. Esses recursos fornecem uma lista ordenada de queixas, mas não mostram o que realmente importa. Como, por exemplo, o gerente de serviços compartilhados considera essas queixas? O que ele acha delas? Só ele pode compreender as implicações desses resultados para seus processos e operações, e só ele pode determinar o que é preciso fazer para melhorar.

"Que risco pessoal você está assumindo com tudo isso?"

A forma como o ciclo de desempenho começa em muitas empresas explica por que a avaliação costuma ser realizada sem considerar a cooperação e sem qualquer entendimento do contexto, levando, portanto, ao baixo desepenho. O ciclo de desempenho começa quando as metas são definidas, no início do ano.

Normalmente, uma vez por ano, a equipe executiva pede previsões de desempenho aos gerentes de linha. Esse processo pode ser repetido quando há necessidades específicas de redução dos custos ou de aumento do faturamento. De qualquer forma, em geral já existem uma ambição global e um alvo de melhoria de desempenho em vigor.

As negociações começam. O comitê executivo estabelece metas muito altas, sabendo que as pessoas oferecerão previsões de desempenho mais baixas do que sabem que podem realmente ser atingidas. Elas fazem isso para conseguir algumas concessões – ter algo de reserva – na rodada seguinte de negociações. Elas sabem que haverá um segundo turno, pois seus colegas também oferecerão baixas expectativas de desempenho na primeira rodada, e por isso o total nunca chegará ao que o comitê executivo deseja. A disparidade entre a ambição da empresa e os resultados de todos os compromissos nos níveis inferiores é totalmente previsível.

Após a segunda rodada, as pessoas aumentam um pouco as expectativas de desempenho, mas ainda mantiveram abaixo do que é possível. Todos sabem que o compromisso com as melhorias e sua execução tornarão as coisas ainda mais difíceis no próximo ano. Quando o processo começar de novo, elas terão que iniciar a partir de um ponto muito mais alto e prometer realizar ainda mais melhorias de desempenho, como crescimento e reduções de custos maiores. Então, as pessoas mantêm o máximo de reservas. Outro motivo por que as pessoas também não revelam ou não buscam a máxima melhoria que acreditam ser possível atingir se deve ao risco do que os outros farão. Independentemente de sua responsabilidade – vendas, regiões da Ásia-Pacífico, logística, contas de clientes – é bem provável que você tenha algumas interdependências com outras pessoas. Ninguém tem total controle sobre o resultado. Se você não pode contar com a cooperação dos outros, a definição de uma meta, mesmo que seja razoável, faz de você um refém do destino. É melhor evitar riscos.

Algo talvez ainda mais arriscado é estabelecer uma meta para si mesmo que exija algo novo. Imagine que seu plano de melhoria envolva a tentativa de novas abordagens, em vez das soluções comprovadas (por exemplo, a seleção de fornecedores desconhecidos em oposição a fornecedores bem estabelecidos), ou o desafio a alguns procedimentos. O que aconteceria se você fracassasse? O resultado seria receber um golpe duplo: por não atingir sua meta e por não ter a desculpa de estar em conformidade.

Além disso, nada de ruim pode acontecer quando se evita riscos. Muito pelo contrário. As metas de desempenho se tornam gestão de KPIs, e KPIs determinam incentivos. Eventualmente, as pessoas irão ultrapassar suas metas e obter um bônus maior (recompensar o excesso de desempenho é uma prática comum), enquanto os potenciais de melhoria de desempenho estão longe de ser plenamente explorados. Nessas empresas, ninguém tem interesse de ser transparente quanto às melhorias que podem ser obtidas, muito menos quanto ao que pode ser mais difícil de obter.

A estratégia de não buscar o potencial máximo da melhoria não só é racional, como todos sabem que é comum. Essa é mais uma razão para ser conservador nas previsões. A dinâmica coletiva prevê retornos decrescentes, acompanhados por grandes bônus. A perspectiva individual de receber um golpe duplo ao assumir um risco também é um golpe duplo para a organização.

O que acontece na avaliação de fim de ano se você prometeu uma melhoria de 1% em seu KPI, mas obteve uma melhoria de 2%? Sua explicação é: "Nós trabalhamos duro e fomos muito mais espertos do que imaginávamos!" Seu gerente não se deixa enganar. Ele quer saber por que você errou na previsão. Por que você não definiu a meta em 2%?

Em seguida, a empresa tenta algo melhor: um KPI e um incentivo são oferecidos para aumentar a precisão da sua previsão. (Infelizmente, este não é um exercício mental absurdo; temos visto empresas fazerem isso.) Alguns cálculos estão envolvidos, porque, obviamente, o incentivo relacionado à precisão da previsão deve ser maior do que o bônus recebido ao ultrapassar a meta em 100%.

À luz desses acontecimentos, cada gerente precisa calcular sua nova estratégia individual. Há novos KPIs e incentivos a serem considerados. O jogo não mudou, mas a organização está mais complicada.

Essa dinâmica é radicalmente alterada quando um gerente segue a regra 6, fazendo três perguntas em uma discussão pessoal com cada membro de sua equipe:

1. O que você vai fazer para melhorar o desempenho no próximo ano e quais serão os resultados em termos de redução de custos, lançamentos de produtos ou receitas?
2. Quais são seus riscos pessoais na definição dessa meta? Por exemplo, você terá de confiar em novos fornecedores, experimentar diferentes processos ou exigir a cooperação de alguma unidade?
3. Como posso ajudá-lo a obter a cooperação que você precisa dos outros e a mitigar esse risco?

Agora, as pessoas são impelidas a abrir novos caminhos, porque, se a resposta deles à segunda questão for negativa em relação a assumir quaisquer riscos pessoais, a conclusão é que não estão tentando nada particularmente ambicioso. Ao fazer a terceira pergunta, o gerente atua como integrador. Os membros da equipe passam a achar muito mais interessante ser transparentes e tentar verdadeiras inovações. Assim, poderão se beneficiar da cooperação para oferecer maior desempenho, já que a resposta deles à terceira questão coloca o gerente na posição de integrador.

Essa abordagem muda totalmente o jogo. Ao assumir um risco pessoal, a estratégia deixa de ser um fracasso e passa a ser vitoriosa. Em empresas que não usam essa abordagem, as pessoas colocam a organização e seus clientes em risco. No novo jogo, no entanto, o risco é abertamente discutido, compartilhado, expresso e conhecido por todos. Quando os riscos são explicitados, eles podem ser abordados pelas habilidades coletivas e administrados, graças à cooperação, o que permite mais inovação e melhoria de desempenho. É impressionante notar que o diálogo sobre "que risco pessoal você está assumindo nesta ou naquela iniciativa" é completamente inexistente em muitas organizações.

O novo contexto faz uma enorme diferença na forma como as pessoas usam sua inteligência e energia; os esforços para se esconderem e se protegerem são substituídos pela partilha, pela inovação e por esforços coletivos para mitigar os riscos. Antes, elas usavam a inteligência para manter o desempenho abaixo do seu potencial, enquanto desencadeavam trabalho sobre trabalho (apresentação de relatórios, controle, modificações, verificações sobre o verdadeiro trabalho) para supostamente combater esse mau comportamento. Agora, elas utilizam a inteligência para promover e explorar o potencial, e não há necessidade de trabalho sobre trabalho.

Temos observado esse comportamento de "manter reservas" nas empresas porque é a coisa inteligente a fazer, dado o rumo que o diálogo da gestão normalmente segue. Os comportamentos racionais das pessoas se ajustam de forma tão eficaz ao diálogo gerencial que, geralmente, uma alteração nos termos desse diálogo sobre processos de melhoria de desempenho têm um efeito profundo sobre os resultados da empresa. Lembre-se de que as organizações têm tantos problemas não porque as pessoas sejam estúpidas, mas porque elas se ajustam de forma muito eficaz e inteligente ao contexto contraproducente criado involuntariamente pela gestão. E se os gestores criam um contexto tão contraproducente, isso se deve à ineficácia das soluções *hard* e *soft* na caixa de ferramentas gerencial.

Evite a influência de interesses velados

Os gerentes devem sempre garantir a definição dos termos para o melhor resultado global do grupo, e não apenas quando se trata do gerenciamento de desempenho. Por exemplo, em uma empresa multinacional composta por dez principais unidades e funções, o CEO queria melhorar o desenho organizacional. Ele tinha algumas ideias sobre como reconfigurá-lo, mas quis também ouvir ideias e insights de sua equipe de gestão. No entanto, havia uma complicação. Cada membro de sua equipe chefiava uma das unidades ou das funções que seriam inevitavelmente afetadas pela mudança organizacional. Então, devido a esses interesses velados, o CEO estava preocupado que eles teriam dificuldades em fazer recomendações imparciais. Como ele poderia pensar o processo de desenho organizacional de modo a explorar a inteligência de sua equipe de gestão e também garantir que a nova organização serviria aos interesses da sociedade em geral e não aos interesses de uma ou outra função?

O CEO reuniu sua equipe de gestão e, em poucas palavras, disse: "Vocês conhecem nossos desafios estratégicos. Vocês conhecem as limitações dos dez elementos básicos da nossa organização. Eu gostaria que cada um de vocês tentasse definir o papel e os direitos de decisão de cada um desses dez componentes. Vocês também podem rever o projeto e agregar ou separar os elementos existentes". Depois veio a parte mais interessante: "Independentemente da sua recomendação, todos vocês permanecerão na equipe de gestão, mas vou decidir mais tarde de qual unidade ou função você será responsável".

Essa é uma abordagem muito semelhante a que o filósofo John Rawls chama de tomada de decisões por atrás de um "véu de ignorância", para assegurar que os membros individuais contribuam levando em conta todo o grupo.[2] Se o resultado das escolhas prejudicar uma unidade, então qualquer executivo poderia ser o único a sofrer as consequências. Se for impossível burlar o processo para beneficiar sua unidade, o único critério que você pode usar em sua escolha é dos melhores interesses do grupo como um todo.

Nessa empresa multinacional de dez unidades, os altos executivos tinham conhecimento específico da unidade que dirigiam e também tinha uma boa noção de como as outras unidades operavam. Com a criação de um véu de ignorância – nesse caso, cada executivo não sabia onde iria trabalhar – o CEO forçou-os a usar todo o conhecimento que tinham da forma mais imparcial possível.

Recusar a escalada

A ideia de uma maior transparência no desempenho e de diálogos mais produtivos com as equipes sobre o que pode ser melhorado parte o coração de alguns gestores, uma vez que eles sofrem com intermináveis escaladas de decisões, ou seja, gastam uma grande parte de seu tempo em decisões repassadas por suas equipes para arbitragem. Mas em quase todos esses casos, a decisão é escalada para esses gestores porque as pessoas que estão fazendo o trabalho não conseguiram cooperar na tomada das decisões.

Para evitar esse problema – e de fato é um problema – aconselhamos uma abordagem que parece um pouco simplista à primeira vista: recusar a escalada. Em vez de aceitar o papel de árbitro, os gestores seniores devem exigir que as pessoas que não colaboraram encontrem uma solução.

O efeito da escalada pode ser pernicioso. Como as decisões são escaladas para níveis cada vez mais altos, quem toma as decisões está distante da realidade concreta da situação de trabalho e privado de informações relevantes e atuais. Assim, sempre que ocorre arbitragem em um nível superior ao da ação real, as decisões têm uma qualidade inferior do que poderia ter sido alcançado por meio da cooperação entre as pessoas diretamente envolvidas.

Se você é um alto executivo, recuse-se a arbitrar. Em vez disso, reúna aqueles que precisam cooperar, coloque-os em uma sala e feche a porta. Só os deixe sair após terem chegado a uma decisão satisfatória. É claro que, em uma situação real, provavelmente haverá momentos em que a tomada de decisão leva tanto tempo que você terá de abrir a porta. Quando esse for o caso, no entanto, existem duas condições. Primeiro, certifique-se de responsabilizar aqueles que estiveram envolvidos na escalada: "Eu me lembrarei em minha avaliação de quantas vezes você me levou a tomar decisões que você estava em melhor posição para tomar". Em segundo lugar, faça com que essa experiência seja um aprendizado. Pergunte a eles: "O que você vai fazer de diferente na próxima vez para que eu não precise arbitrar?"

RESUMO DA REGRA SIMPLES 6

Quando não é possível operar com ciclos de feedback diretos embutidos nas tarefas das pessoas, você precisa da intervenção da gestão para fechar o ciclo. Os gestores devem, assim, usar a velha ferramenta de avaliação de desempenho, mas de uma forma muito diferente.

» Os gestores devem ir além dos critérios técnicos, que coloca a culpa na causa raiz do problema. Ao lidar com requisitos de desempenho múltiplos e muitas vezes conflitantes, a organização inteligente admite que problemas de execução acontecem por muitas razões, e que a única maneira de resolvê-los é reduzir a recompensa para todas as pessoas ou unidades que deixam de cooperar na resolução deles, mesmo que não ocorram exatamente em sua área, e aumentar a recompensa para todos quando as unidades cooperam de uma forma benéfica. Eles não devem culpar o fracasso, mas a falha em ajudar ou em pedir ajuda.

» Em vez da sofisticação elusiva dos *balance scorecards* e de outros sistemas e procedimentos complicados e contraproducentes, os gestores podem fazer perguntas simples para alterar os termos do diálogo gerencial, tornando a transparência e as metas ambiciosas recursos e não restrições para o indivíduo. Os gerentes, então, agem como integradores, obtendo a cooperação de outras pessoas que irão alavancar as informações relevantes proporcionadas por essa transparência e contribuir para alcançar resultados superiores.

Conclusão

Na base da gestão das organizações atuais existe um conjunto de crenças e práticas – as abordagens *hard* e *soft*, que discutimos longamente neste livro – que, dada a nova complexidade dos negócios, tornou-se obsoleto.

Não há uma maneira gentil de dizer isso. A utilização dessas abordagens obsoletas, na tentativa de melhor gerenciar a complexidade, resulta na complicação organizacional, o que prejudica a produtividade e desgasta a satisfação das pessoas com o trabalho. É um círculo vicioso. O principal objetivo das regras simples é criar mais valor, por meio de um melhor gerenciamento da complexidade dos negócios. Isso envolve abandonar as abordagens *hard* e *soft*. Ao fazer isso, você também elimina a complicação e seus custos. A simplificação não é um objetivo em si, mas um valioso subproduto das regras simples.

As regras simples são maneiras comprovadas de alavancar ideias e práticas avançadas das ciências sociais e, assim, quebrar o círculo vicioso da complicação, ajudar as empresas a crescer, criar valores duradouros e alcançar uma vantagem competitiva. Cada um dos capítulos anteriores se concentrou em uma das regras simples e explorou suas implicações para os gestores. Agora, queremos examinar as regras de forma holística, para ver como as ideias de cada uma podem ser resumidas. Nesta seção, oferecemos uma sequência passo a passo que você pode seguir para se afastar da dependência das abordagens *hard* e *soft* e para utilizar as seis regras simples. Use esse passos quando estiver pensando em realizar uma reformulação, reestruturação, redefinição do modelo operacional, transformação cultural, melhoria da produtividade ou programa de redução de custos. Na maioria dos casos, você resolverá os verdadeiros problemas de forma mais rápida, mais simples e mais profunda.

PRIMEIRO PASSO: USE OS PONTOS DOLORIDOS PARA DESCOBRIR INTERDEPENDÊNCIAS E NECESSIDADES DE COOPERAÇÃO

Cada organização tem seus próprios pontos doloridos. Eles podem estar relacionados ao desempenho:

- A pontualidade de nossos trens está muito baixa.
- A taxa de ocupação de nossos hotéis está abaixo da meta.
- O nosso tempo de colocação no mercado é muito longo.
- Os nossos produtos não são inovadores o suficiente.

Os pontos doloridos podem também estar relacionados ao bem-estar das pessoas no trabalho, o que pode ser visto por número ausências, taxas de rotatividade, acidentes no local de trabalho, infelicidade das pessoas expressa em levantamentos.

Quando você examina qualquer tipo de ponto sensível e se aprofunda no funcionamento de sua organização, você descobre funções que estão envolvidas no mau desempenho ou na infelicidade, mas cujas interações – se estiverem cooperando e se beneficiando da cooperação de outros – atendem ao desafio da complexidade ao mesmo tempo em que evitam a complicação.

Depois de identificar essas funções, você deve se concentrar em suas interdependências. Você precisa entender em que medida um papel tem impacto sobre a capacidade dos outros de fazer seu trabalho. A partir do problema dos recepcionistas da InterLodge, foi possível entender sua dependência das funções de *back-office*. Ou, a partir do baixo desempenho dos engenheiros de desenvolvimento na MobiliTele, descobrir a dependência da unidade de transceptores.

Uma forma de chegar a tal entendimento é pedindo às pessoas de cada função que descrevam o que as outras funções fariam de forma diferente se estivessem cooperando. Essa é a aplicação da regra simples 1: entender o que as pessoas realmente fazem. Você pode apresentar esses vislumbres de um mundo ideal de cooperação em oficinas e discussões individuais, ou por meio de entrevistas. Seja qual for o método, a atividade permite que as pessoas obtenham uma compreensão do que seria a cooperação a partir da perspectiva dos outros e do ponto de vista do desempenho. Para fazer isso, as pessoas devem:

- **Descrever o que os outros fariam se estivessem cooperando.** Peça para darem detalhes e usarem verbos de ação, em vez de conceitos vagos como "confiança" ou "agilidade em atender os outros". A cooperação é um comportamento, e um comportamento é uma ação e não uma atitude ou uma mentalidade. Um comprador, por exemplo, pode dizer: "O estrategista de categoria poderia criar contratos que me deem liberdade de negociação com os fornecedores". Ou o gerente de plataforma da estação diria: "Idealmente, a equipe de manutenção deveria nos dizer quando e quanto o trem está atrasado".
- **Definir a diferença que a cooperação faria.** As organizações não buscam a cooperação para seu próprio bem, mas em função dos resultados que ela traz. As pessoas devem descrever, com detalhes, a diferença que agir em cooperação faria em seu desempenho individual e nos resultados globais da organização: "Se logística fizesse o que eu disse, eu seria capaz de reduzir os estoques em 15%".

Se esse exercício correr como esperado, você terá identificado interdependências e necessidades de cooperação importantes, que são o elo entre a solução para a complexidade (e, portanto, a eliminação do baixo desempenho e da insatisfação no trabalho) e as mudanças concretas que a organização terá de fazer. Depois de identificar esses papéis e definir a diferença que a cooperação faria, você pode concentrar sua análise nas mudanças necessárias para simultaneamente melhorar o desempenho e aumentar a satisfação.

SEGUNDO PASSO: DESCUBRA OS OBSTÁCULOS À COOPERAÇÃO

Você não pode fazer essas alterações imediatamente. Deve, primeiramente, descobrir as razões pelas quais a cooperação não está acontecendo nessas funções. Para isso, você precisa dos dados obtidos pelas respostas das duas questões fundamentais, discutidas no Capítulo 1:

1. *Como os comportamentos se combinam para produzir os níveis atuais de desempenho?*
   Pense em como comportamentos se ajustam e se influenciam, tendo em conta as relações de poder e os custos de adaptação. Ao fazer essa pergunta e analisar as respostas, tenha cuidado para evitar a armadilha de colocar a culpa de um problema de desempenho na falta de elementos organizacionais, como estrutura, processo ou sistema. Tenha em mente que a ausência de uma coisa não pode causar a presença de outra coisa. Essa explicação de "causa por ausência" abre as portas para a complicação.
2. *Qual é o contexto de objetivos, recursos e restrições que faz com que os comportamentos atuais sejam "estratégias racionais" para as pessoas?*
   Quando você responder a essa pergunta, tome cuidado para não explicar os comportamentos – ações, decisões e interações – invocando a mentalidade das pessoas. Essas são, na melhor das hipóteses, explicações tautológicas. Elas muitas vezes colocam a culpa no indivíduo, ou no grupo de indivíduos, enquanto ocultam as verdadeiras questões. Em vez disso, tente entender o que torna a cooperação evitável ou contraproducente para as pessoas, em seu contexto atual de objetivos, recursos e restrições. Algumas possibilidades que podem fazer com que as pessoas evitem cooperar são:
   - **Uma abundância de recursos,** que elimina interdependências e incentiva a autossuficiência disfuncional.
   - **Poder suficiente para evitar a cooperação.**
   - **Poder insuficiente para correr o risco da cooperação.** Algumas funções são tão impotentes que arcariam com

todos os custos de adaptação e não receberiam o suficiente em troca; elas ficam em melhor situação quando isoladas.

Todas as histórias que apresentamos neste livro – InterLodge, MobiliTele, RapidTrain, GrandeMart etc. – mostram que uma compreensão inadequada dos comportamentos individuais e da combinação deles para produzir desempenho leva as empresas a ignorar o verdadeiro problema e, assim, tomar medidas complicadas e contraproducentes.

TERCEIRO PASSO: CONQUISTE OS BENEFÍCIOS

Uma vez que você entendeu o contexto que molda os comportamentos e, portanto, que afeta o desempenho, você está em uma boa posição para mudá-lo.

Altere o Contexto

Use as regras simples como diretrizes para identificar maneiras de mudar o contexto de objetivos, recursos e restrições, para que o engajamento e a cooperação tornem-se individualmente úteis àqueles que estão envolvidos:

- **Regra simples 1: Entenda o que seu pessoal faz.** Essa regra adiciona uma compreensão do contexto para os recursos do gerente.
- **Regra simples 2: Fortaleça os integradores.** Essa regra reforça os gerentes como integradores ao remover algumas de suas restrições (como regras burocráticas, papéis intermediários e funções de coordenação) e aumentar seus recursos (como margem de manobra e poder discricionário). Contribui para os recursos dos funcionários, permitindo-lhes beneficiarem-se da cooperação dos outros.
- **Regra simples 3: Aumente a quantidade total de poder.** Essa regra aumenta os recursos para aqueles que atualmente não se engajam ou evitam a cooperação, porque eles têm

mais a perder do que a ganhar ao sair do isolamento. Eles recebem novas bases de poder, derivadas do controle de desafios importantes.

- **Regra simples 4: Aumente a reciprocidade.** Essa regra muda os objetivos ou problemas, com a definição de objetivos valiosos, e elimina os recursos que criam monopólios internos ou que incentivam a autossuficiência disfuncional.
- **Regra simples 5: Alongue a sombra do futuro.** Essa regra transpõe consequências remotas para as metas atuais das pessoas e transforma a falta de cooperação em uma restrição para quem não coopera.
- **Regra simples 6: Recompense quem coopera.** Essa regra faz com que a transparência seja útil para todos, individualmente, e explora todas as possibilidades de melhoria do desempenho.

Como foi visto nos capítulos anteriores, a aplicação prática das regras simples para criar o contexto certo implica mudanças de vários aspectos da organização, como orçamentos, investimentos, definição de objetivos, sistemas de informação, critérios de avaliação e recompensa, planos de carreira, escopo dos papéis e direitos de decisão, camadas e ligações hierárquicas, recrutamento e treinamento de novas habilidades, entre outros. Essas soluções utilizam as unidades básicas da organização. A diferença fundamental é que você fica apenas com o que é necessário e suficiente para lidar com a complexidade do negócio.

Antes de abrir a champanhe, no entanto, você precisa fazer algo mais: comprometer-se com a melhoria do desempenho, que agora poderá ser realizada como resultado do novo contexto.

Aumente as ambições

No primeiro passo, você pediu às pessoas que descrevessem o impacto positivo que a cooperação teria sobre seus resultados, e elas responderam com detalhes específicos – "Eu poderia cortar meus estoques em 15% se a logística fizesse..." – e também concordaram com as formas de fazer a cooperação acontecer.

Com base nessas conversas, agora é possível atualizar as metas de desempenho: níveis de estoque 15% mais baixos, menor tempo de colocação no mercado, aumento dos níveis de vendas, maior satisfação do cliente, e assim por diante.

Às vezes, as pessoas não concordarão de forma espontânea ou imediata com esses compromissos. Não se preocupe. Você sempre poderá reformular o plano: "Será que exageramos ou cometemos erros quando projetamos melhorias de desempenho baseadas na cooperação dos outros? Será que negligenciamos alguns obstáculos ou soluções?" Graças aos contextos criados pela regra simples 6, não há nada potencialmente complacente nessas conversas. Todas as conversas são oportunidades para compreender melhor a realidade.

Seu plano de ação deve possuir três características importantes:

- **Os problemas são despersonalizados.** Nenhum indivíduo ou grupo deve se sentir culpado por suas características pessoais, psicológicas. Todos sabem que a questão é o contexto de trabalho, e não uma pessoa ou grupo. Essa abordagem remove os obstáculos à mudança que seriam desencadeadas pela negação (do diagnóstico, da causa raiz e assim por diante) daqueles que normalmente se sentiriam sob ataque pessoal.
- **A mudança não causa ansiedade.** Todas as alterações propostas não surgem do nada nem são concebidas em uma torre de marfim. Elas não devem ser ameaçadoras, pois todos sabem que abordam questões reais. Isso remove os obstáculos à mudança resultantes de mal-entendidos.
- **A aceitação é incorporada.** Não é preciso vender a solução a todo o custo por meio de campanhas corporativas de comunicação (ou compromissos), uma vez que seu projeto tenha sido finalizado. Como as soluções são desenvolvidas com pleno conhecimento do contexto – por que as pessoas fazem o que fazem –, elas incorporam as condições para uma implementação bem-sucedida.

Ao descobrirem juntas como a cooperação pode melhorar o desempenho, as pessoas criam um contexto em que incentivam umas às outras a realizar essas melhorias. (Veja o quadro "Três passos: do sofrimento ao bom desempenho.")

Ferramentas para as regras simples

TRÊS PASSOS: DO SOFRIMENTO AO BOM DESEMPENHO

1 Descoberta mútua de onde e por que a cooperação importa para os resultados:

» Quais são os pontos de dor no desempenho e na satisfação no trabalho?
» Como cada função afeta a capacidade dos outros de fazer o que têm de ser feito?
» Como uma cooperação eficaz é vista a partir da perspectiva de cada ator?
» Que diferença ela faria nos resultados de cada ator e no desempenho global?

2 Diagnóstico conjunto de obstáculos:

» Quais são as diferenças entre o que acontece na realidade e a cooperação ideal que descrevemos?
» Por que as pessoas fazem o que fazem?

3 Codefinição das mudanças e das ambições mais altas resultantes:

» Como podemos usar as regras simples para alterar o contexto e para que a cooperação se torne individualmente útil (uma estratégia racional) para as pessoas?
» Com que metas mais altas cada um de nós pode se comprometer?

A BATALHA DIÁRIA CONTRA AS "MELHORES PRÁTICAS"

Para melhorar o desempenho com o gerenciamento da complexidade e, ao mesmo tempo, evitar a complicação, você vai se ver diante do acúmulo de décadas de teorias de negócios que transformaram a gestão em uma abstração e que tem impedido a gestão de fazer seu verdadeiro trabalho.

Como vimos, algumas das abstrações normalmente giram em torno do seguinte:

- **Linhas de subordinação.** Intermináveis discussões podem ocorrer sobre os prós e os contras dos diferentes tipos de linhas de subordinação – cheias, pontilhadas ou em negrito –, como se a linha pontilhada tivesse o poder pontilhado de obter comportamentos pontilhados e o comportamento cheio fosse alcançado pelo poder cheio da linha cheia.
- **KPIs.** Você pode se ver atolado em debates sobre o respectivo peso que cada um de seus 15 ou 20 KPIs deve ter, como se a determinação correta do peso e dos incentivos associados fizesse com que os comportamentos acabassem precisamente onde a média ponderada da fórmula reside.
- **Estilos de liderança.** A organização pode deliberar sobre a variedade de estilos de liderança necessária na equipe de gestão. Supostamente, é possível decretar estilos de liderança para líderes ou importá-los por meio do recrutamento de pessoas que encarnam esses estilos; mas, na verdade, as pessoas ajustam seu estilo (a maneira como fazem o que fazem) segundo o contexto.

Embora essas abstrações possam ser intelectualmente atraentes, elas são enganosas na prática. Ser uma organização intelectual não significa usar a inteligência de seu pessoal. A criação desse tipo de organização requer uma presença autêntica da gestão, bem como ciclos de feedback relevantes, como aqueles descritos aqui. Para se ter uma presença autêntica de gestão, você precisa readquirir o conhecimento direto das operações e escapar das abstrações e dos símbolos que têm a função de representar o trabalho – estruturas, procedimentos, KPIs, etc. –, mas que empurram a gestão para a periferia do trabalho.

Não aceite esse destino. Você não tem de viver em um mundo de abstrações. Você não precisa perder seu tempo quebrando a cabeça com a melhor forma de alterar a ordem das caixas ou de desenhar as linhas do organograma. Você pode lidar com o conteúdo real do trabalho, em vez de lidar apenas com a forma, ao fazer constantemente essas perguntas simples:

- Que papel você espera que esse gestor desempenhe?
- Que valor o gestor deveria agregar?
- Que gestor deveria fazer com que as pessoas fizessem espontaneamente o que elas não fazem? (Lembre-se de que é assim que os gestores agregam valor. Quando as pessoas fazem espontaneamente o que precisam fazer, não há necessidade de gestores.)
- Que base de poder o gerente terá?

Quanto mais as organizações utilizam o poder das tecnologias digitais, dispersam-se globalmente e operam em equipes virtuais, mais precisamos lançar luz sobre o que se tornou obscuro: o trabalho real que as pessoas reais realizam. A conexão com a materialidade do trabalho é, ao mesmo tempo, desafiadora e essencial. A compreensão do contexto em que ocorre o trabalho é uma forma de ver a realidade, mas ela é filtrada ou obscurecida por visões dos supostos prós e contras de estruturas, processos e sistemas (abordagem *hard*), assim como por histórias sobre personalidades e sentimentos que se voltam contra as pessoas (abordagem *soft*).

Esse regresso ao trabalho por parte da gestão não é um exercício intelectual ou filosófico. É um esforço prático de compreender a forma que as pessoas fazem as coisas, de modo que você pode ajudá-las a aproveitar o máximo de seu discernimento e energia. A presença da gestão também não deve ser uma forma de microgerenciamento ou uma busca pelo tipo de controle supostamente possível nas abordagens *hard* e *soft*. Tais tentativas de controlar o indivíduo tornam-se cada vez mais prejudiciais à medida que a complexidade do negócio aumenta e apenas incentivam a complicação. Quanto maior a complexidade do negócio, mais você precisa confiar no julgamento das pessoas. As seis regras simples mostram que essa dependência pode ser muito mais do que apenas um ato de fé; é um caminho fundamentado na qual sua inteligência e energia farão a diferença.

Notas

Introdução

1 Essas regras simples foram publicadas pela primeira vez por Yves Morieux no artigo "Smart Rules: Six Ways to Get People to Solve Problems Without You", na *Harvard Business Review*, setembro de 2011, p. 78–86.

2 O Institute for Organization do BCG calculou esses requisitos de desempenho por meio de uma análise de conteúdo de relatórios anuais. Nós medimos e comparamos a frequência com que os diferentes tipos de requisitos de desempenho foram mencionados como parte dos objetivos, metas e desafios descritos nos relatórios. O índice de complexidade é a média do número de requisitos de desempenho definidos de todas as empresas, em base 100, em 1955.

3 O Institute for Organization do BCG calculou esse índice por meio de regressões e análises de componentes principais (Modelo de Regressão por Mínimos Quadrados Parciais, ou PLS-PM, algoritmo). O algoritmo foi aplicado a elementos organizacionais, tais como o número de procedimentos, camadas verticais, estruturas de interface, órgãos de coordenação, *scorecards* e aprovações de decisão em toda a amostra de empresas pesquisadas.
O efeito do aumento da complicação não é surpreendente apenas para o quintil mais alto. Em média, a proporção de pessoas que passam mais de 14 horas por semana em reuniões mais do que duplicou nos últimos 15 anos para 40%. E elas consideram que mais da metade desse tempo seja inútil. O tempo gasto por mês na composição de relatórios também aumentou 40%, em média. O número de e-mails recebidos por dia triplicou nesse período, enquanto a proporção de e-mails com dez ou mais destinatários mais do que duplicou. Em média, as pessoas recebem, por dia, 35 e-mails internos que elas consideram inúteis. Nesse período, o número de funções de interface que as pessoas consideram inúteis dobrou, em média.

4 Com base em nossa análise, o tamanho explica apenas 0,0001% da complicação, enquanto a diversidade de atividades só explica 0,0002%.

5 O Institute for Organization do BCG considerou que a relação negativa entre complicação e senso de engajamento das pessoas (0,606 negativo) é mais forte do que a relação positiva entre engajamento e efeito combinado de fatores que se destinam a mitigar os problemas no local de trabalho, tais como liderança dedicada, estilo de gestão participativa, fortes amizades e apoio mútuo no trabalho (0,533 positivo). A análise usa a pesquisa feita em dez anos pelo BCG intitulada "Engaging for Results (EFR)", que foi aplicada a populações de clientes desde 2002, com mais de 1 milhão de respostas de 229 empresas, em 85 países. Nós não estamos sugerindo que estruturas, processos ou sistemas sejam mais significativos do que os fatores intangíveis para moldar o moral. Acreditamos, no entanto, que precisamos parar de subestimar o efeito da complicação organizacional. Isto é especialmente importante porque a abordagem *soft* só trata dos sintomas – particularmente os estados psicológicos e emocionais das pessoas – em vez de tratar a causa. O efeito da complicação estrutural sobre o moral dos empregados foi identificado mais de meio século atrás por James C. Worthy. Desde então, no entanto, tem sido bastante negligenciado. Baseado em seu estudo de várias unidades diferentes, em várias localizações geográficas da Sears, Roebuck and Co., Worthy determinou o efeito negativo de um organização complicada – especialmente o número de camadas verticais e alguns dispositivos de coordenação fatigantes – "sobre a eficiência operacional e moral do empregado". Veja James C. Worthy, "Organizational Structure and Employee Morale," *American Sociological Review*, 15, nº 2, abril de 1950, p. 169-179.

6 A porcentagem de norte-americanos satisfeitos no trabalho foi de 45,3% em 2009 e de 42,6% em 2010.
Há uma tendência descendente óbvia desde 1987, primeiro ano em que a pesquisa foi realizada, interrompido por "solavancos" periódicos, nas palavras do The Conference Board, a cada dois ou três anos. Veja Rebecca Ray e Thomas Rizzacasa, "Job Satisfaction: 2012 Edition, The Conference Board", *Research Report TCB-R-1495-12-RR*, junho de 2012. De acordo com levantamentos da Gallup, apenas 28% da força de trabalho dos EUA está engajada no trabalho, sendo que o resto está ativamente desengajado ou "simplesmente" não engajado. Na Europa, as maiores pontuações para o engajamento não excedem 23% (Suíça e Áustria). A pesquisas mostram resultados semelhantes no Japão e na Austrália. Veja "The State of the Global Workplace", Gallup Consulting, 2011, disponível em <http://www.gallup.com/services/177083/state-global-workplace-2011.aspx>, acesso em: 20 out. 2015.

7 Veja Robert T. Golembiewski, Robert F. Munzenrider e Jerry G. Stevenson, *Stress in Organizations—Toward a Phase Model of Burnout* (Nova York: Praeger, 1986); e David Courpasson e Jean-Claude Thoenig, *When Managers Rebel* (Basingstoke, UK: Palgrave Macmillan, 2010).

8 A produtividade é o árbitro final de nosso padrão de vida. O economista ganhador do Prêmio Nobel, Paul Krugman, deixa claro: "A produtividade não é tudo, mas em longo prazo é quase tudo". Veja Paul Krugman, *The Age of Diminished Expectations*, 3ª ed. (Cambridge, MA: MIT Press, 1990, 1997), p. 11.
Nos Estados Unidos, graças a melhorias de produtividade nas décadas de 1950, 1960 e início da década de 1970, cada geração se saiu quase duas vezes melhor do que a anterior. Mas o crescimento da produtividade desde então tem sofrido uma longa desaceleração, interrompido apenas por uma breve recuperação em torno de 2000, seguido de um período de maior volatilidade. Desde 1995, o crescimento da produtividade no Japão foi cerca de metade do que era no período de 1973-1995. Entre as 15 maiores economias europeias, o crescimento da produtividade diminuiu em mais de um terço em cada década, desde a década de 1970. Uma consequência disso é a tentativa de proteger os padrões de vida ao assumir mais dívidas, com todos os riscos – nos níveis financeiros, econômicos e sociais – gerados pelo excesso de alavancagem.

9 Por exemplo, o Australian Institute of Management divulgou, em sua pesquisa de 2010 com mais de três mil gerentes, que 36% disseram que poderiam se esforçar um pouco mais, mas em vez disso estavam sendo "preguiçosos", porque estão "insatisfeitos" em seus trabalhos.
Veja "Unhappy Managers Admit Slacking Off", *Australian Institute of Management*, 30 de novembro de 2010, disponível em: <http://www.abc.net.au/news/stories/2010/11/30/3079939.htm>, acesso em: 20 out. 2015.

10 Veja "Hating What You Do", *The Economist*, 8 de outubro de 2009, disponível em: <http://www.economist.com/businessfinance/displaystory.cfm?story_id=14586131>, acesso em: 20 out. 2015.

11 A administração científica foi iniciada pelas obras de Taylor e Henri Fayol, no início do século 20. Mas deve ser dito que Taylor baseou sua nova forma de gestão em observações reais do que os trabalhadores faziam. Ele percebeu que maus comportamentos, como faltas e procrastinação, eram uma consequência da má organização do trabalho – com base nas tradições artesanais, em desacordo com as exigências da produção em massa – e não da má vontade ou da falta de compromisso dos trabalhadores. Essa percepção da reciprocidade entre a forma como o trabalho é organizado e os comportamentos resultantes estava no coração dos novos princípios formulados pela administração científica. Fayol baseou sua maneira de administrar e gerir empresas em sua experiência de recuperar uma empresa insolvente. Apesar de todas as limitações da administração científica para lidar com a nova complexidade do negócio, cujos exemplos são abundantes neste livro, havia algo muito valioso na abordagem de Taylor: prestar atenção no trabalho das pessoas, ao que elas realmente fazem. Como Peter Drucker deixou claro, isso é precisamente o que esquecemos, mas é a lição principal e atemporal de Taylor.

12 O movimento das relações humanas se desenrolou na esteira da obra de Elton Mayo, sobre os chamados estudos de Hawthorne na Western Electric, no final da década de 1920. A descrição seminal dos estudos de Hawthorne está em F. J. Roethlisberger e W. J. Dickson, *Management and the Worker: An Account of a Research Program Conducted by the Western Electric Company*, Hawthorne Works, Chicago (Cambridge, MA: Harvard University Press, 1939). O ímpeto inicial do movimento das relações humanas era melhor controlar o "fator humano" que Taylor parecia ter abordado de forma demasiadamente mecanicista. O objetivo era melhorar ainda mais o desempenho visto como um subproduto dos sentimentos positivos e das relações interpessoais amigáveis dentro do grupo informal. Na raiz do movimento das relações humanas está o desejo de salvar os trabalhadores de si mesmos. Esse desejo se baseia no pressuposto mais ou menos explícito de que os empregados são fundamentalmente irracionais e que os seus comportamentos são acionados por estímulos emocionais – que têm de ser contidos, canalizados e, assim, controlados. Veja, especialmente, Kyle Bruce e Chris Nyland, "Elton Mayo and the Deification of Human Relations", *Organization Studies 32*, nº 3, março de 2011, p. 383- 405. Nesse caso, não são os estímulos financeiros que deveriam desencadear o alinhamento (como na administração científica), mas os estímulos emocionais induzidos pelos gestores, associados ao estilo de liderança apropriado. Tanto na administração científica quanto nas relações humanas, há uma visão pavloviana do comportamento: o que importa é encontrar os estímulos certos, sejam eles financeiros ou emocionais. A melhor forma de mobilizar a inteligência das pessoas não é uma questão nessas abordagens. O sucesso prolongado da abordagem das relações humanas, apesar de sua falta de fundamento analítico robusto, tem sido explicado pelo fato de que ela privilegia a gestão e justifica o uso das mais confortáveis alavancas disponíveis, como Michael Rose escreveu: "Afinal, o que poderia ser mais atraente do que ouvir que seus subordinados são ilógicos, que a sua falta de cooperação é um desejo frustrado de colaborar, que suas demandas por dinheiro escondem a necessidade da sua aprovação e que você tem um destino histórico como agente de harmonia social?" Veja Michael Rose, *Industrial Behaviour: Theoretical Development Since Taylor* (Harmondsworth, UK: Penguin, 1975), p. 124. Essa forma de psicologia aplicada fornece à administração uma licença para abordar o fator humano e tratar características psicológicas específicas.

13 A cooperação é muitas vezes usada como sinônimo de coordenação ou colaboração. Mas existe uma diferença de significado entre esses três termos, e essa diferença tem suas consequências. A colaboração diz respeito a trabalho em equipe à medida que as pessoas se dão bem, com base em sentimentos e boas relações interpessoais. Como veremos, essas relações muitas vezes levam as pessoas a evitar a verdadeira cooperação, a fim de manter relações amigáveis dentro

do grupo ou equipe. O legado da abordagem das relações humanas, com suas iniciativas *soft* e o foco na aderência ao grupo informal, só pode, na melhor das hipóteses, incentivar a colaboração. A coordenação refere-se à atribuição de algum tipo de ordem entre as atividades predefinidas, que têm de ser compatíveis. A administração científica só pode, na melhor das hipóteses, obter a coordenação por meio de procedimentos, estruturas de interface, métricas e incentivos. A cooperação, pelo contrário, envolve levar em consideração as necessidades dos outros na criação de uma resultado conjunto. Como sempre, a melhor maneira de ver a diferença de conceitos é voltar às origens. As três noções têm raízes latinas distintas. Colaboração refere-se a *co-laborare*, trabalhar lado a lado. A ênfase está na proximidade da ação, nas relações de vizinhança, e não há nenhuma noção de resultado. A cooperação refere-se a *co-opera*, que diz respeito ao compartilhamento de uma obra; há uma ênfase clara no objetivo e resultado conjunto. A cooperação contém uma noção de intencionalidade compartilhada: nós definimos objetivos em conjunto e compartilhamos o resultado. No entanto, como veremos no Capítulo 1, o conceito de custos de adaptação, contribuições e partilha podem ficar até certo ponto desequilibradas. A coordenação vem de *co-ordo* (a partilha de um ordem) e refere-se ao estabelecimento de uma ordem em termos de sequência ou importância entre decisões, ações ou recursos. A cooperação é uma interação produtiva, na medida em que permite o surgimento de novas capacidades para lidar com a complexidade dos requisitos mais numerosos, voláteis e contraditórios. A coordenação e a colaboração são apenas interações alocativas: a alocação de uma ordem, um favor, e assim por diante. Veja Yves Morieux, "To Boost Productivity, Try Smart Simplicity," *BCG Perspectives*, julho de 2011, disponível em: <http://www.bcgperspectives.com>, acesso em: 20 out. 2015. Os tipos de interação que são centrais na cooperação, particularmente em lidar com sinais fracos, são explorados por Yves Morieux, Mark Blaxill, e Vladislav Boutenko, "Generative Interactions: The New Source of Competitive Advantage," *Restructuring Strategy: New Networks and Industry Challenges*, eds. Karen O. Cool, James E. Henderson e René Abate (Oxford, UK: Blackwell, 2005), pp. 86 –110.

14 O aumento dos requisitos de desempenho contraditórios se torna mais evasivo para predefinir e especificar os comportamentos "certos". Esse fato constitui uma incerteza na especificação para a abordagem *hard*. A especialização crescente, por sua vez, implica em uma multiplicação de interdependências entre as funções especializadas.

Essas interdependências fazem com que os comportamentos individuais sejam menos diretamente controláveis por meio de estruturas, processos e sistemas (porque o comportamento de um depende do comportamento dos outros), o que constitui uma incerteza de programação. Cada pessoa, em parte, "controla"

– influencia e molda – o comportamento das demais de uma maneira que escapa ao controle direto pretendido por estruturas, processos e sistemas. As interdependências criam "ruído" e distúrbios para a abordagem *hard*. As duas incertezas juntas subvertem uma abordagem para o desenho organizacional que se concentra em estruturas, processos e sistemas, em vez de se concentrar no que as pessoas realmente fazem e em como eles mobilizam sua inteligência no trabalho. O resultado é uma organização cujos resultados são muitas vezes contrários às intenções e aos esforços de seus membros. Por exemplo, os hospitais em que a equipe realmente cuida dos pacientes, e em que estruturas, processos e sistemas são todos dedicados a cuidar das pessoas, ainda podem ser hospitais que tratam mal e até mesmo prejudicam e contaminam os pacientes.

15 Sobre o tema da simplificação, veja Alan Siegel e Irene Etzkorn, *Simple: Conquering the Crisis of Complexity* (Nova York: Hachette/Twelve, 2013); e Ken Segall, *Insanely Simple: The Obsession That Drives Apple's Success* (Nova York: Portfolio, Penguin Group, 2012).

16 Herbert A. Simon, "A Behavioral Model of Rational Choice", *Quarterly Journal of Economics* 69, nº 1, 1955, p. 99–118; Michel Crozier, *The Bureaucratic Phenomenon* (Chicago: University of Chicago Press, 1964); Thomas C. Schelling, *Micromotives and Macrobehavior*, rev. ed. Herbert A. Simon; e Robert Axelrod, *The Evolution of Cooperation*, rev. ed. Herbert A. Simon. Outra obra seminal é Graham Allison e Philip Zelikow, *Essence of Decision: Explaining the Cuban Missile Crisis*, 2ª ed. (Nova York: Addison Wesley Longman, 1999). Devemos também mencionar as obras de Richard Cyert, James March, Philip Selznick, Oliver Williamson, Rosabeth Moss Kanter, Erhard Friedberg, Jeffrey Pfeffer, François Dupuy, e Jean-Claude Thoenig. A fertilização cruzada desses eventos constitui a análise organizacional moderna na sociologia organizacional. Um relato minucioso da análise organizacional e suas várias ramificações é apresentado em Erhard Friedberg (ed.), *The Multimedia Encyclopedia of Organization Theory*, DVD (Paris: R&O Multimedia, 2011). As primeiras três regras simples inspiram-se na noção do poder e na análise estratégica da sociologia organizacional. As últimas três regras simples recorrem particularmente à teoria dos jogos, e seus títulos são inspirados pelas obras de Axelrod. Essas últimas três regras apenas se baseiam, em vez de refletirem, a obra seminal de Axelrod. Por exemplo, o conceito de multiplexidade para as redes de interações, explicado no Capítulo 4, não faz parte do modelo de Axelrod.

17 A forma como usamos o termo "racionalidade" neste livro é baseada no conceito de "racionalidade limitada" de Herbert Simon. De acordo com essa ideia, as pessoas não agem com base em uma análise exaustiva e consistente do custo-benefício de suas opções, já que não têm acesso a toda as informações, não são capazes processar todas elas e suas preferências podem mudar ou ser até

contraditórias. A racionalidade dessas pessoas é limitada, isto é, em relação ao seu contexto de metas e recursos percebidos e restrições. As pessoas usam sua inteligência para se adaptar a esse contexto. É nesse sentido que a sociologia organizacional, na esteira do trabalho e da evolução de Simon no campo da teoria dos jogos, analisa os comportamentos como estratégias racionais.

18 Veja Daniel H. Pink, *Drive: The Surprising Truth About What Motivates Us* (Nova York: Riverhead Books, 2011); e Adam M. Grant, *Give and Take: A Revolutionary Approach to Success* (Nova York: Viking Adult, 2013).

CAPÍTULO 1

1 Só porque nós usamos a palavra "adaptação", não se deve confundir nossa abordagem com uma corrente de pensamento encontrada nas políticas públicas, por exemplo, como descrevem Richard H. Thaler e Cass Sunstein R., *Nudge: Improving Decisions About Health, Wealth, and Happiness* (New Haven, CT: Yale University Press, 2008). A diferença entre essa abordagem e a nossa é que examinamos não só a racionalidade e o comportamento individual, mas também a forma como os comportamentos individuais se ajustam uns aos outros e se combinam para produzir resultados coletivos que não se resumem à soma de motivos e às condutas individuais.

2 Para uma descrição mais detalhada desse quadro, veja Yves Morieux e Robert Howard, "Strategic Workforce Engagement: Designing the Behavior of Organizations for Competitive Advantage", *The Boston Consulting Group*, documento de reflexão, agosto de 2000, disponível em: <http://www.bcgperspectives.com>, acesso em: 20 out. 2015.

3 Para obter mais detalhes sobre este assunto, veja Yves Morieux, "Management: A Sociological Perspective", Erhard Friedberg (ed.), *The Multimedia Encyclopedia of Organization Theory*, DVD (Paris: R&O Multimedia, 2011); e Erhard Friedberg, "Local Orders: Dynamics of Organized Action", *Monographs in Organizational Behavior and Industrial Relations*, vol.19 (Londres: Jai Press, 1997).

4 Eldar Shafir, "Introduction", *The Behavioral Foundations of Public Policy*, ed. Eldar Shafir (Princeton, NJ: Princeton University Press, 2013), p. 1-9.

CAPÍTULO 2

1 De fato, algumas companhias aéreas tentaram criar o equivalente a um livro de regras para os pilotos sob a forma de um contrato de trabalho clássico, que especificava os comportamentos desejados. Mas, segundo um relatório da Slate, a administração descobriu que "contratos formais não podem especificar totalmente o que é preciso para o piloto de avião 'fazer o seu trabalho corretamente'. O bom funcionamento de uma companhia aérea exige a cooperação ativa de

pilotos qualificados que são capazes de julgar quando faz e quando não faz sentido solicitar novas peças e quem se comporta no espírito de desejar o sucesso da companhia aérea." Veja Matthew Yglesias, "Friends Don't Let Friends Fly American Airlines", *Slate*, 1 de outubro de 2012, disponível em: <http://www.slate.com/blogs/moneybox/2012/10/01/don_t_fly_american_airlines_conflict_with_pilot_s_union_is_destroying_american_airlines_service_quality_and_you_have_to_stay_away_.html>, acesso em: 20 out. 2015.

2 Para saber mais sobre este assunto, veja Yves Morieux, "The Hotel Clerk", *BCG Perspectives*, dezembro de 2005, disponível em: <http://www.bcgpersectives.com>, acesso em: 20 out. 2015.

3 Baseado em uma palestra de Christine Arron e Yves Morieux em um seminário do BCG sobre a eficiência coletiva, em 8 de março de 2004. Agradecemos a colega Mathieu Ménégaux por seus insights sobre a cooperação no atletismo. A equipe francesa consistiu de Patricia Girard, Muriel Hurtis, Sylviane Félix e Christine Arron. A equipe dos EUA era formada por Angela Williams, Chryste Gaines, Inger Miller e Torri Edwards. O bronze foi para a Rússia. Com base no melhor tempo individual de cada corredor de 100 metros, o tempo total da equipe dos EUA nos 400 metros foi de 43,59 segundos *versus* 43,95 segundos da equipe francesa. É claro que a corrida de revezamento real leva muito menos tempo, principalmente porque os corredores começam com a perna já em movimento (exceto o primeiro).
Com base no melhor desempenho de 100 metros para cada um dos corredores norte-americanos e franceses naquele ano, o tempo total da equipe dos EUA foi de 44,10 segundos *versus* 44,82 segundos da equipe francesa.
Em termos de velocidade individual, a equipe dos EUA é mais rápida.
Mas, durante a final de 2003, a equipe francesa levou 41,78 segundos para realizar a corrida de revezamento, enquanto a equipe dos EUA levou 41,83 segundos.
Os franceses foram coletivamente mais rápidos. Para assistir à corrida faça um busca no YouTube por "2003 World Athletics Champs Women's 4 × 100 m relay final".

4 Anita Elberse e Sir Alex Ferguson, "Ferguson's Formula", *Harvard Business Review*, outubro de 2013, p. 116 -125.

CAPÍTULO 3

1 O controle das incertezas como origem do poder está bem descrito em Michel Crozier e Erhard Friedberg, *Actors and Systems: The Politics of Collective Action*, trad. Arthur Goldhammer (Chicago: University of Chicago Press, 1977, 1980). Outro artigo seminal sobre o tema do poder na literatura gerencial é da socióloga Rosabeth Moss Kanter, "Power Failure in Management Circuits", *Harvard Business Review*, julho/agosto 1979, p. 65–75. Os fatores de poder analisados por

Kanter constituem incertezas controladas por detentores do poder. Por exemplo, se a "variedade de tarefas" é uma fonte de poder é porque os encarregados dessas tarefas controlam uma incerteza maior (a maior gama de possíveis resultados) para o resto da organização do que as controladas pelos encarregados das tarefas com menor variedade. Muitas vezes, quando as pessoas gostam de tarefas com maior variedade, não é tanto por causa de algum tipo de necessidade psicológica ou porque não gostam da monotonia da uniformidade. É algo muito mais concreto: o poder que deriva do controle de uma maior incerteza permite negociar vantajosamente sua situação com o resto da organização. Os termos da troca entre essas pessoas e a organização são mais favoráveis e elas podem obter mais em troca (melhores condições, mais indulgência e assim por diante).

2 Para saber mais sobre este tema, que é conhecido como "o paradoxo de dependência absoluta", veja Yves Morieux, "Resistance to Change or Error in Change Strategy?", Erhard Friedberg (ed.), *The Multimedia Encyclopedia of Organization Theory*, DVD (Paris: R&O Multimedia, 2011).

3 Veja Martin Reeves, Mike Deimler, Yves Morieux e Ron Nicol, "Adaptive Advantage", *BCG Perspectives*, janeiro de 2010, disponível: <http://www.bcgperspectives.com>, acesso em: 20 out. 2015.

4 Veja André Beaufre, *Introduction to Strategy* (Nova York: Praeger, 1965).

CAPÍTULO 4

1 É precisamente esse impacto positivo do comportamento de cada um na contribuição de outras pessoas para o resultado que faz com que a cooperação crie o que é chamado, em economia, de função de produção supermodular. Nesse caso, a função de produção não pode ser dividida em uma soma de contribuições separadas, que podem ser medidas. Em termos mais simples, o todo vale mais do que a soma de suas partes. Essa não separabilidade está na raiz do problema da medição descrito por Armen A. Alchian e Harold Demsetz, "Production, Information Costs, and Economic Organization", *American Economic Review*, 62, dezembro de 1972, p. 777–795. O tema foi desenvolvido no excelente livro de John Roberts, *The Modern Firm* (Oxford, Reino Unido: Oxford University Press, 2004). A teoria dos jogos considera a supermodularidade da perspectiva dos incentivos e chama esse fenômeno de complementaridade estratégica: a decisão de um agente aumenta os incentivos dos outros em fazer alguma coisa. Mas a palavra "incentivos" é enganosa. A questão da cooperação significa que aquilo que alguém faz em sua tarefa aumenta a eficácia dos outros em suas tarefas.

Pierre-Joseph Proudhon tinha uma noção da supermodularidade da cooperação, como base para o lucro econômico, quando escreveu: "Duzentos granadeiros ergueram o obelisco de Luxor [em 1836, no centro do Place de la Concorde em Paris] de sua base em poucas horas; você acha que um homem poderia ter realizado uma mesma tarefa em 200 dias?" Proudhon chegou a sugerir que a contabilidade capitalista pagaria a duas centenas de granadeiros trabalhando um dia o mesmo que pagaria a um granadeiro trabalhando 200 dias, mesmo que os resultados não fossem os mesmos. Essa diferença é a base do lucro econômico, o outro lado da exploração do trabalhador na visão de Proudhon. Veja Pierre-Joseph Proudhon, *What Is Property?* (Nova York: Dover, 1840, 1970).

2 Para uma descrição detalhada do impacto negativo dos monopólios internos sobre a produtividade da P&D, no setor biofarmacêutico, veja Peter Tollman, Yves Morieux, Jeanine Kelly Murphy e Ulrik Schulze, "Can R&D Be Fixed? Lessons from Biopharma Outliers", *BCG Focus*, setembro de 2011, disponível: <http://www.bcgperspectives.com>, acesso em: 20 out. 2015.

3 Nós certamente podemos trabalhar por muito mais tempo – e muitas vezes trabalhamos.
O número de funcionários que trabalham 49 horas ou mais por semana aumentou 40% de 1980 a 2000, nos Estados Unidos (população empregada, exceto na agricultura – fonte: banco de dados de emprego do Bureau of Labor Statistics.) Um estudo envolvendo empregados norte-americanos do sexo masculino (não autônomos), com idades entre 25 e 64 anos, mostrou que, nos escalões salariais mais elevados, a participação de empregados que trabalham 50 horas ou mais por semana mais do que duplicou no período de 1980 a 2000 (Peter Kuhn e Fernando Lozano, "The Expanding Workweek? Understanding Trends in Long Work Hours Among US Men, 1979–2004", nº w11895, National Bureau of Economic Research, 2005).

4 Para saber mais sobre esse conceito, veja Etienne Wenger e William M. Snyder, "Communities of Practice: The Organizational Frontier", *Harvard Business Review*, janeiro de 2000, p. 139–145.

5 O poder de interações cara-a-cara foi descrito por Erving Goffman, em seu artigo seminal "On Face-work: An Analysis of Ritual Elements of Social Interaction", *Psychiatry: Journal for the Study of Interpersonal Processes* 18, 1955, p. 213–231.

CAPÍTULO 5

1 Essa foi originalmente uma observação histórica de Alfred Chandler, no início da década de 1960. O conceito tornou-se progressivamente uma recomendação de que estruturas, processos e sistemas deveriam ser concebidos como dispositivos de alinhamento. Veja, por exemplo, Robert S. Kaplan e David P. Norton, *The Balanced Scorecard: Translating Strategy into Action* (Boston: Harvard Business School Press, 1996); e também *Alignment: Using the Balanced Scorecard to Create Corporate Synergies* (Boston: Harvard Business School Press, 2006). A

mesma função de alinhamento também foi recomendada aos sistemas de informação, como discutido por Yves Morieux e Ewan Sutherland, "The Interaction between the Use of Information Technology and Organizational Culture", *Behaviour and Information Technology* 7, nº 2, 1988, p. 205–213; e também por Ewan Sutherland e Yves Morieux (eds.), *Business Strategy and Information Technology* (Londres: Rout-ledge, 1991).

2 O modelo mecanicista assume tantas partes da máquina quanto há requisitos a serem satisfeitos: N partes para N requisitos. Cada uma das N partes tem de coordenar com N-1 outras partes, de modo que existam N(N-1)/2 necessidades de coordenação. Sabemos que o número de requisitos aumentou por um fator de 6 ao longo dos últimos 55 anos.
Hoje, existem 6N requisitos, em vez de N. O nosso modelo mecanicista torna-se 6N (6N-1)/2. Isto é 36 vezes seu valor original, além de algo mais ou menos insignificante, dependendo da situação inicial.

3 O departamento de TI de uma empresa muitas vezes tem uma perspectiva holística das informações, funções e capacidades das quais uma solução organizacional eficiente e eficaz poderá ser obtida antes que estruturas, processos e funcionalidade do sistema sejam definidos. Como a área de TI entra em cena somente no final do processo de alinhamento, há pouca margem de manobra para chegar a soluções inovadoras. Por exemplo, TI pode ser usada para facilitar a cooperação entre funções especializadas, eliminando assim a necessidade de uma camada de coordenação adicional, como o gerente de projeto. Na verdade, o novo desafio de TI é o de melhorar a produtividade coletiva, por ser uma força para a cooperação. Veja Yves Morieux (BCG), *IT Is a Force of Cooperation*, vídeo, disponível em: <http://www.dailymotion.com/video/xgfcnb_yves-morieux-bcg-l-it-est-une-force-de-cooperation_tech>, acesso em: 20 out. 2015; e Yves Morieux, Mark Blaxill e Vladislav Boutenko, "Generative Interactions: The New Source of Competitive Advantage", *Restructuring Strategy: New Networks and Industry Challenges*, eds. Karen O. Cool, James E. Henderson e René Abate (Oxford, Reino Unido: Blackwell, 2005), p. 86-110. Em vez de apenas tentar melhorar a produtividade individual e cortar custos de transação, os sistemas de TI devem ser usados para incentivar o valor criativo das interações e melhorar a produtividade coletiva.

4 Para saber mais sobre este tema, veja Yves Morieux, "Knowledge: The Basis of Adaptive Advantage," *Management in the Knowledge Economy: New Managerial Models for Success*, eds. Ludovic Dibiaggio e Pierre-Xavier Meschi (Paris: Pearson, 2012).

5 Em muitos casos, o incentivo ou é muito fraco e não tem efeito ou é significativo. Em todo caso, o problema do indivíduo passa a ser obter incentivos, ao invés de fazer seu trabalho (que sempre resulta em mais do que as métricas podem mensurar). Portanto, o incentivo ou é inútil ou afasta o indivíduo da

solução ideal para os problemas do trabalho. O comportamento racional acaba sendo esconder, contornar ou até mesmo enganar, a fim de ganhar o incentivo. Daí a necessidade de mais regras e controles. É por isso que as regras simples 4 e 5 são tão importantes: os ciclos de feedback estão diretamente embutidos nas tarefas e as atividades de gratificação ou penalização atingem as pessoas, dependendo de seu desempenho. As regras criam um contexto em que fazer o que tem de ser feito torna-se individualmente útil para as pessoas. Como você verá, a regra simples 6 envolve ciclos de feedback indiretos, baseados na avaliação da gestão, mas a regra muda o contexto e, assim, ser transparente, em vez de se esconder ou contornar, torna-se um comportamento racional.

6 Depois de trabalhar na rede pós-venda, alguns engenheiros mudam para uma nova função, normalmente de marketing, enquanto outros retornam à engenharia, em um trabalho com mais responsabilidades. O tempo de permanência na rede pós-venda variava de acordo com essas situações e também com a idade e o tempo de casa do engenheiro, mas geralmente oscilava entre três e cinco anos. Alguns ficavam mais tempo e eram até mesmo promovidos na organização pós-venda.

7 Nossa pesquisa mostra que uma empresa com uma pirâmide etária semelhante à da força de trabalho dos EUA pode recobrar o engajamento das pessoas com mais de 45 anos e, assim, alongar a sombra do futuro. Eles também podem usar um quinto do tempo dos trabalhadores com mais de 52 anos para reduzir o período de crescimento dos trabalhadores júnior em 5%. Assim, a produtividade provavelmente aumentaria em mais de 8%. Veja Yves Morieux, "The Unretired", *BCG Perspectives*, fevereiro de 2007, disponível em: <http://www.bcg.com>, acesso em: 20 out. 2015.

CAPÍTULO 6

1 Jørgen Vig Knudstorp disse isso a Yves Morieux em 17 de junho de 2011, quando estávamos discutindo a regra simples 6. Agradecemos sua autorização.

2 John Rawls, *A Theory of Justice* (Cambridge, MA: Belknap Press, 1971).

Agradecimentos

Yves Morieux: Sou grato ao falecido Michel Crozier, cuja paixão inspirou-me quando eu era aluno no Institut d'Études Politiques, em Paris, e mais tarde em nosso trabalho conjunto. Meus agradecimentos também a Michael Baker por me aconselhar a estudar mercados industriais a partir da perspectiva da análise de decisão, quando eu era aluno na Universidade de Strathclyde, em Glasgow. Sou grato, também, a Carl Stern e a Rafael Cerezo por seu encorajamento quando eles foram, respectivamente, CEO do Boston Consulting Group e presidente do BCG Europa; e a Hans-Paul Buerkner, atual presidente do BCG, pela criação do programa de bolsas que forneceu ao Institute for Organization BCG os recursos para entender e trabalhar com a evolução da complexidade. Agradeço também a Olivia Davies, analista organizacional do Institute, por sua dedicação em ajudar a conciliar dados de pesquisa e textos manuscritos. Sou grato aos meus colegas do BCG por suas ideias e pela disposição para trabalhar comigo na pesquisa e nos casos descritos neste livro – obrigado a todos. Por último, mas certamente não menos importante, gostaria de agradecer aos homens e às mulheres que trabalharam comigo em mais de 40 países e 500 clientes empresariais.

Peter Tollman: Este livro é dedicado aos meus queridos pais, Ted e Shirley, arquiteto e psicóloga, que, pelas próprias paixões e pontos de vista, imbuíram em mim um anseio por sentido, estética e simetria. Meu fascínio pela dinâmica comportamental como propulsor da eficácia organizacional deriva desses fatores. Meu laboratório mais próximo tem sido a minha casa, mantida pela minha maravilhosa esposa, Linda, e minhas duas filhas espetaculares, Jess e Sarah. Essas três mulheres graciosamente me apoiaram e me incentivaram nas peculiaridades de meus hábitos de trabalho e, por meio da crítica atenciosa e do debate animado, acrescentaram sua sabedoria única ao meu pensamento. Por fim, ao Boston Consulting Group, uma organização altamente eficaz e o melhor ambiente de aprendizagem que se poderia esperar.

Eu sou profundamente grato aos meus anos com o BCG e ao apoio que recebi de meus colegas, numerosos demais para mencionar.

Juntos, queremos expressar nossa mais profunda gratidão a John Butman. John acompanhou a formação dessas ideias por muitos anos e também ajudou, com sua paciência e colaboração, a tornar este livro uma realidade. Nós também agradecemos ao editor-chefe do BCG, Simon Targett, que manteve o livro no rumo certo, apesar dos muitos obstáculos impostos pelo trabalho de consultoria. Queremos agradecer a Bob Howard do BCG, cujas sugestões de edição foram inestimáveis nos estágios mais críticos. Também queremos assegurar aos cinco revisores anônimos do manuscrito que eles têm a nossa gratidão por sua observações perspicazes, encorajamento e rigor. Melinda Merino, editora executiva da *Harvard Business Review Press*, com sua direção discreta porém firme, certificou-se de que os pontos necessários e suficientes tivessem sido expressos claramente no livro; obrigado, Melinda. Rico Lesser, como CEO do BCG, e Andrew Dyer e Grant Freeland, o antigo e atual diretores do BCG People and Organization Practice, também são merecedores de nossos mais profundos agradecimentos pelo apoio contínuo.

Sobre os autores

Yves Morieux é sócio sênior e diretor-executivo do Boston Consulting Group (BCG), em Washington. Como diretor do Institute for Organization do BCG e do BCG Fellow, ele divide seu tempo entre a pesquisa e a consultoria de estratégia e de mudança organizacional a altos executivos de empresas multinacionais e a entidades do setor público nos Estados Unidos, Europa e Ásia-Pacífico.

Yves contribuiu com o desenvolvimento da teoria organizacional relativa às condições comportamentais e estruturais para a criação de valor econômico e vantagem competitiva. Ao transformar essas ideias em prática, com as regras simples, ele ajudou CEOs em seus desafios mais críticos – por exemplo, em transformar empresas quase falidas em líderes de seus setores, ou em transformar o modelo de negócio e cultura para alcançar novos patamares ou gerir com sucesso inovações revolucionárias.

Morieux é membro dos conselhos consultivos de duas publicações profissionais, apresentou-se em mais de uma centena de conferências de negócios e lecionou em várias universidades em todo o mundo. Ele publicou vários capítulos de livros, editou um livro sobre estratégia e tecnologia, e escreveu artigos em revistas de negócios, bem como participou da revisão por pares de algumas publicações. Ele foi entrevistado e citado extensivamente em programas televisivos e em publicações globais, incluindo a revista *The Economist*, como especialista sobre a evolução das organizações. Ele é procurado com frequência por meios de comunicação em economias maduras ou em rápido desenvolvimento para explicar as implicações de seu trabalho para as próprias empresas.

O autor tem PhD em Marketing Industrial pela Universidade de Strathclyde, na Escócia, e DEA em Análise de Decisão e Sociologia

Organizacional pelo Instituto de Ciências Políticas de Paris (Sciences Po). Também estudou na Scottish Business School, SKEMA Business School e Salzburg Seminar in American Studies. Mora em Washington, DC.

Peter Tollman é sócio sênior e diretor executivo no The Boston Consulting Group, em Boston, onde ingressou em 1989. Também é diretor da BCG People and Organization Practice, na América do Norte. Papéis de liderança anteriores incluem a liderança mundial do setor Biofarmacêutico da BCG e sua P&D local. Ele possui PhD em engenharia pela Universidade da Cidade do Cabo, África do Sul, e MBA com distinção pela Columbia Business School. Tollman é orador convidado em muitas conferências de empresas e setores, e é autor de várias obras sobre liderança, organização e desempenho corporativo.

Como um dos mais experientes parceiros cliente de serviço da BCG, Peter tem ajudado muitas das principais corporações do mundo a melhorar a competitividade e o desempenho de suas organizações. Seu trabalho tem alcance mundial e envolve uma ampla gama de tarefas, incluindo reestruturações organizacionais, redesigns de governança, mudanças culturais, engajamentos da força de trabalho, iniciativas de valor para o acionista e aumentos de crescimento, melhorias na eficiência operacional e processos-chave, integrações pós-fusão, transformações organizacionais e orientação a CEOs e a outros líderes seniores em fase de transições de liderança.

Ele tem ajudado os clientes a obter uma visão de sucesso e a aplicar as regras simples em muitos desses esforços.

Além de seu trabalho no BCG, Tollman foi fundador e diretor executivo da MPM Capital, empresa de assistência médica de capital de risco. Faz parte do conselho de regentes da Jerusalem Academy of Music and Dance, na Hebrew University, e é gestor da Walnut Hill School for the Arts. Tollman vive na região de Boston com sua esposa, Linda Kaplan, MD, e suas duas filhas em idade universitária, Sarah e Jessica.